JN249582

佛朗西和蘭陀ノテール〔公証人〕規則　合巻

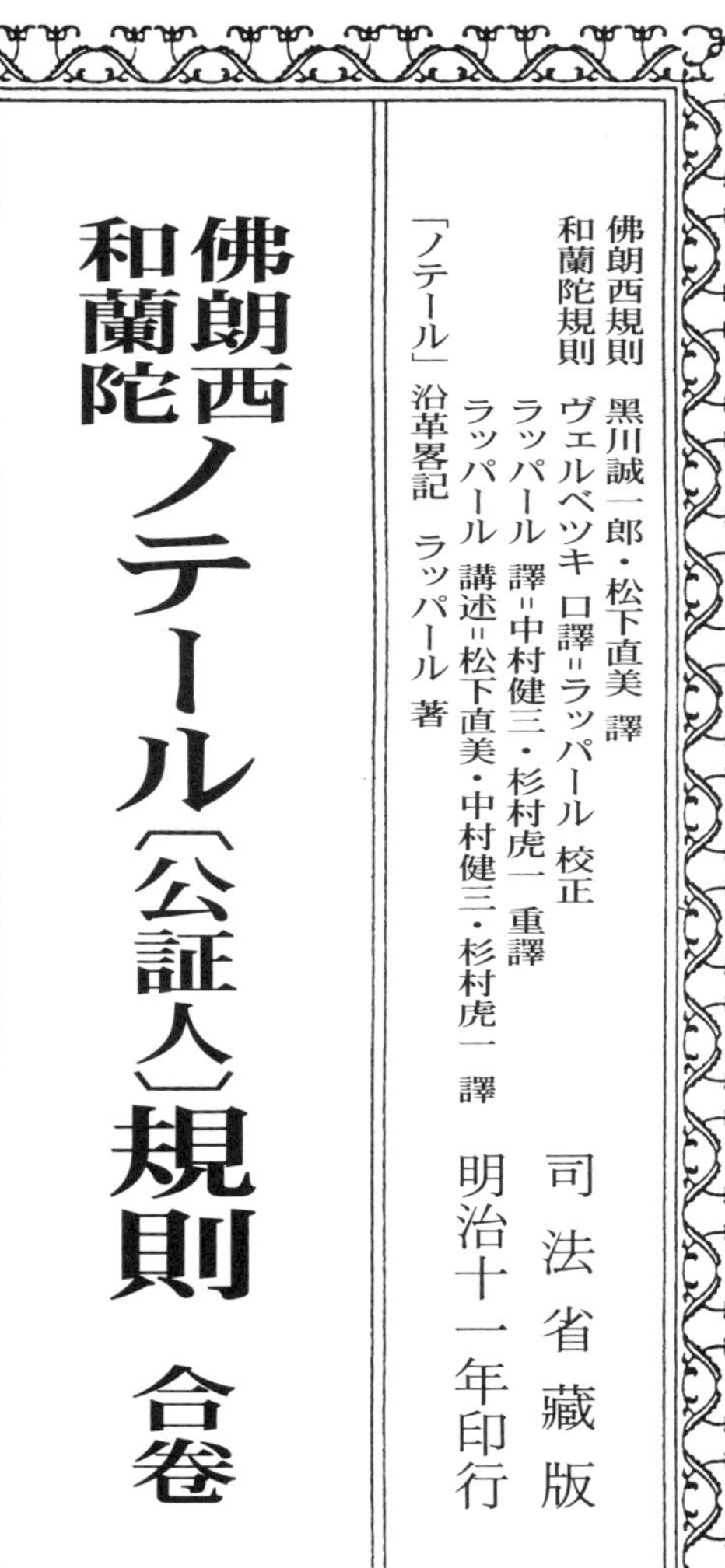

佛朗西規則　黑川誠一郎・松下直美 譯
和蘭陀規則　ヴェルベツキ 口譯＝ラッパール 校正
ラッパール 譯＝中村健三・杉村虎一 重譯
ラッパール 講述＝松下直美・中村健三・杉村虎一 譯
「ノテール」沿革畧記　ラッパール 著

司法省藏版
明治十一年印行

佛朗西 和蘭陀 ノテール〈公証人〉規則 合巻

日本立法資料全集 別巻 1179

信山社

司法省藏版

佛朗西 和蘭陀ノテール規則 合卷

明治十一年三月印行

佛蘭西和蘭公證人規則譯本ヲ刊刻センヿヲ請フ

書

敬斐謹テ白ス曩ニ閣下敬斐等ニ命シ公證人規則ヲ草セシム敬斐等乃チ閣下ノ意ヲ奉シ之カ稿案ヲ作リ既ニ已ニ之ヲ閣下ニ進呈セリ夫レ人情百端訟事萬緒毫釐ヲ拆ツテ勝敗ヲ訴庭ニ爭フ而シテ之ヲシテ詭辭遂ニ逃ルヘキノ路ナク欺瞞遂ニ行フニ由ナカラシムルモノハ無他契約ノ證ヲ其始ニ正確ニスルニ在ルノミ蓋シ曲直ハ證左ニ據テ明カニ證左ハ正確ナルヲ以テ効アルモノトス若シ證左ノ正確ナラサル其レ將タ何

ヲ用テ曲直ヲ明カニセン凡ソ今ノ契約ヲ爲ス者誰カ亦其契約ノ證ヲ要セサルモノ有ンヤ然而シテ義務者或ハ其義務ヲ逃ルヽヲ得權利者或ハ其權利ヲ伸ハスヲ得サルモノ往々之レアリ則チ契約ノ證正確ナラサルノ致ス所ニシテ其正確ナラサル所ノモノハ之ヲ其初メニ正確ニスヘキ所以ノ方法ヲ得サルニ依ルナリ夫レ審判以テ人民ヲ保護スル固ヨリ言ヲ待タス若シ契約ヲシテ之ヲ其初メニ正確ニシ詭辭逃ルヽ所ナク欺罔施スニ由ナカラシメハ未タ審判ヲ待タスシテ而シテ其保護ノ道ヲ得ル亦大ナリ況ンヤ其審判ヲ經ル

ニ及テ必ス舛誤ヲ蒙ルノ患ナキニ於テヲヤ然ラハ則チ契約ヲシテ正確ナラシムル方法ナルモノハ人民保護ノ本源ト云フモ亦溢美ニアラサルナリ而シテ其方法如何スヘキ曰ク公證人ヲ設立スルノ便ナルニ若クハナキノミ今ヤ閣下法律ヲ更革改正スルニ鋭意ナリ各員其意ヲ體シ其事ニ黽勉鞅掌シ乃チ刑法ハ數回ノ討議ヲ經テ其案已ニ上請アリ治罪法ハ其案已ニ十ノ七八ニ進ム而シテ民法ヲ草スル亦二千餘條ニ至ル其他商法及ヒ記簿法等ノ草案ニ着手シ殆ント將ニ緒ニ就カントス於是敬斐等竊ニトス法律ノ舊面目ヲ革メ

テ一大新域ニ進マンヿ遠キニ非サル可シ而シテ閣下敬斐等ヲシテ公證人規則ヲ草セシムル其意ノ在ル所ヲ知ルヘキナリ抑公證人ノ設ケハ泰西諸州其沿襲既ニ尚シ故ニ現今其民ノ大ニ便トシ用ヰル所タリ然レ𪜈之ヲ東洋ノ史乘ニ徵スルニ未タ之レニ類似スル者アルヲ見ス尤モ我カ邦人ニ在リテハ未タ耳目ニ觸レサル所タリタトヒ其法タルヤ人民ヲ保護スルノ源本ナリトスルモ一朝ニシテ之ヲ布カハ或ハ恐ル和璧ヲ投シテ而シテ人劍ヲ按シ怪マサルナキヲ免レサランヿヲ曩ニ敬斐等カ草スル所ハ大概ネ佛朗西和蘭等ノ公

證人規則ニ據リ折衷ス今其譯本及ヒ教師ヲッパール氏著ハス所ノ公證人沿革畧記等謄寫功ヲ竣ス若シ之レヲ以テ剞劂ニ附シ以テ世ニ公ケニセハ人民自ラ公證人ノ設ケハ契約ノ證ヲシテ之ヲ其初メニ正確ナラシムルノ要具タルヲ知リ之ヲシテ公證人設立ノ日ニ遇フモ之ヲ怪異視シテ疑懼慮スルノ患ナク而シテ公證人タラント欲スル者亦將ニ其職分ノ當サニ爲スヘキノヿヲ講究スル所アラシメントス敢テ請フ閣下採擇焉

明治十一年一月

民法編纂掛分科委員

判事長森敬斐

六

大木司法卿　閣下

佛蘭西「ノテール」規則 共和政第十一年風月二十五日布告 目錄

第一卷 「ノテール」及ヒ公正證書ノ事

第一章 「ノテール」ノ職務管轄及ヒ義務 一丁

第二章 公正ノ證書、書式、正本、副本、寫及ヒ見出帳ノ事 二二丁

第二卷 「ノテール」役場ノ事

第一章 「ノテール」ノ員數配置及ヒ保證金ノ事 九四丁

第二章 「ノテール」トナルニ必要ナル條件及ヒ「ノ

テール」ニ命セラルヽ方法　一〇六丁

第三章　取締局　一三二丁

第四章　證書ノ正本ヲ保存スル事之ヲ他人ニ引渡ス事及ヒ其正本ノ表ヲ作ル事舊「ノテール」ノ相續人ニ謝金ノ割合ヲ贈ル事　一六〇丁

第三卷　現在「ノテール」ノ事　一九四丁

追加規則　二〇〇丁

「ノテール」取締局及ヒ其職掌 千八百四十三年一月四日布告　二二一丁

取締局ノ構成　二二八丁
取締ノ事　二三八丁
取締局議員ノ選擧及ヒ議員奉職ノ期限　二五五丁
「ノテール」トナラントト欲スル者　二六〇丁
共用ノ金匱　二六九丁
公正證書ノ書式改革ノ法　千八百四十三年六月廿一日布告　二七一丁

和蘭陀「ノテール」規則目錄

第一章 「ノテール」ノ職務及ヒ其管轄 一丁
第二章 「ノテール」ト爲ルヘキ要件及ヒ「ノテール」ニ任スル手續 二五丁
第三章 證書並ニ其書式、正本、副本、寫、見出帳 四九丁
第四章 「ノテール」ヲ監督スル事及ヒ「ノテール」ノ謝金ノ事 一五七丁
第五章 證書ノ正本、證書ノ見出帳及ヒ諸簿册ヲ保存及ヒ搬運スル事 一八一丁

六

第六章　追加諸規則

謝金及ヒ立替金並裁判所ニテ謝金ノ高ヲ定ムル事

二〇四丁

例言

一佛蘭西規則ノ本文ハ黑川誠一郎ノ嘗テ譯セシモノ和蘭規則ノ本文ハ舊正院法制課ニ於テ米利堅人「ヴェルベッキ」ノ口譯ヲ筆記セシモノヲ更ニ雇教師和蘭人「ラッパール」ニ質シテ校正ス

一條外ニ本行ヨリ一字ヲ下ケ書スルモノハ原註ナリ

一佛蘭西規則ノ原註ハ西曆一千八百四十六年ノ出版ニシテ代言人及ヒ「ノテール」ノ新聞編集者「ノテール」ト法學士トノ會撰スル所ノ註ト西曆一千八百五十四年ノ出版ニシテ代言人「セ、ソステンベルテルロ」嘗テ

「ノテール」ヲ勸メシ者ノ著ハス所ノ註トヲ取捨シテ其要ヲ撮譯ス譯者ハ松下直美ナリ

一和蘭規則ノ原註ハ西暦一千八百四十一年ノ出版ニシテ其著作者ノ姓名明カナラス「ラッパール」ヲシテ之ヲ佛蘭西文ニ譯セシメテ重譯スルモノナリ譯者ハ中村健三杉村虎一ナリ

一原註ヨリ一字ヲ下ケ書スルモノハ「ラッパール」ノ講述ヲ筆記シテ之ヲ譯スル者ナリ譯者ハ松下直美中村健三杉村虎一ナリ

一行間ニ「　」アルハ原語ヲ標ス又挿註アルハ譯者ノ說

解ナリ

一既ニ一タヒ原語ニ插註ヲ置キ譯語ニ原語ヲ附記シタルモノハ同語再出スレハ之ヲ省ク

佛蘭西「ノテール」公證人規則 共和政第十一年風月二十五日ノ布告(ロワエアレー)

第一卷 「ノテール」及ヒ公正證書ノ事

第一章 「ノテール」ノ職務管轄及ヒ義務

第一條 「ノテール」ハ各人民ノ契約ヲ為スニ付公正ニセサル可ラサルト公正ニセントスルトノ證書類ヲ作リ其年月日ヲ保證シ證書ヲ預リ副本(グロス)ヲ渡シ及ヒ寫(エキスペディション)ヲ作ラシムル為メ設クル所ノ公ケノ官吏ナリ

○○○○

「ノテール」ハ公ケノ官吏ニシテ其身分(エター)ハ「デパルトマン、ドラジュスチース」司法省ノ權内ニ屬シ裁判所(トリビユナール)ノ監督ヲ受ク又其職掌ハ裁判上ノ範圍内ニアルト雖ﾓ現ニ裁判所ニ出席シテ職務ヲ行フ「アウヲカート」(代言)或ハ「アウーウヱー」(代書)或ハ「ウィーシヱー」(使吏)等ノ如キ裁判所附屬吏ト之ヲ同視スヘカラス何トナレハ法律上ニ於テ諸證書ヲ公正ニシ且契約ヲ執行セシムルノ權ヲ以テ一種ノ職務ヲ行フヿヲ「ノテール」ニノミ委任スレハナリ之ニ依テ何人ヲ問ハス「ノテール」ノ職ニ管スルノ事務ハ一切行フヲ得ス若シ之ニ違フトキハ刑法第三百五十八條ニ依テ罰セラレ其他「ノテール」ニ對シ損害ノ償ヲ爲サヽルヘカラス

「ノテール」ノ職務タルヤ諸證書ヲ公正ノ書式ヲ以テ

作ルノミナラス人民ノ相談人トナリ或ハ仲裁人トナリ又囑托シ來ル所ノ契約ノ條件ニ付明密ニ說解シ人民ヲシテ法ヲ犯シ或ハ損害ヲ受サラシムルニアリ故ニ其職務ハ頗ル高尚ナルモノニシテ又證書ノ書式ニ國主ノ名ヲ用ヰル等ハ少シク裁判官ノ職務ニ類似スル所アリ

本條ニ人民ナル語ヲ用ヰルト雖モ「ペルソンヌモラル」官府州邑公舍及ヒ會社等ヲ云フモ亦之ニ含有スルモノト看做スヘキナリ

公正ニセサルヘカラサル證書ハ左ノ如シ

(一)婚姻ノ承諾證書(二)婚姻ニ付父母ノ許諾ヲ請フノ證書(三)私生ノ子ヲ認ムル證書(四)生存中ノ贈遺書(五)之ヲ受クルコヲ承諾スルニ付テノ委任狀(六)公ケノ遺言書(七)封印ノ遺言書(八)婚姻ノ契約書(九)書入質ノ證書(十)同取消ノ證書(十一)生存ヲ證スルノ證書(十二)某ハ某地ノ某人ナルヲ證スル證書(十三)質入ヲ解約スル證書(十四)發明專賣ヲ罷ムルノ證書(十五)公債證書々替ニ付テノ委任狀(十六)自筆ノ遺言書保存ノ證書(十七)財產目錄但シ分散ノ𪜈ハ此例ニアラス等ナリ

公正ニセント欲スル證書トハ國安ニ管シ或ハ風俗ヲ亂ス等ノヿニ非レハ公正ニスルトセサルトハ總テ人民ノ隨意ニスルヿヲ得ヘキ者ヲ云フナリ
年月日ヲ保證スル證書ヲ預ルヿ副本及ヒ寫ヲ渡スヿノ此三權ハ舊時「ノテール」「ガルドノット」（證書預リ人）及ヒ「タペリヨン」（副本ヲ渡ス役）アツテ各其職掌別異ナリシモ今日ニ至テハ其方法稍開進シ「ノテール」ノミニテ諸契約ヲ公正ニシ正本（ミニユート）ヲ保存シ且副本又ハ寫ヲ渡ス等ノ職務ヲ統轄ス
凡ソ私ノ證書ハ登記稅役所ノ簿冊ニ登錄シタル日

若クハ其證書ニ手署セシ者ノ中一人死シタル日ヨリニ非レハ證書ノ年月日ヲ保證セス然レ𪜈公正ノ書ニ至テハ之ニ異ナリ假令登記税ノ期限內ニ未タ簿册ニ登記セサリシト雖𪜈年月日ニ於テハ十分ノ確信ヲ致スナリ

寫トハ其證書ヲ預リ保ツ「ノテール」ヨリ作リ渡ス證書ノ正寫ナリ又副本トハ證書ノ正寫ニ國主ノ名ヲ載セ以テ契約ノ執行ヲ命スル書式ヲ備フル者ナリ

第二條　「ノテール」ハ終身其官ニ任ス

「ノテール」ハ主トメ人民ノ契約ニ關渉スル一種特別ノ官吏ニシテ人事ノ機密ヲ保護シ社會ノ利益ヲ安全ナラシムル者ナレハ裁判官ト等シク終身官トス故ニ裁判言渡ニ據ラスシテ免職又ハ停職ヲ受クルヿナシ是尋常官吏ニ異ナル所ナリ併シ第四條第三十三條及ヒ誓詞ニ管スル千八百三十年第八月三十一日ノ法律ニ依テ定メタル場合ハ格別ニシテ免職ニハアラス蓋シ「ノテール」ヲ以テ自ラ其職務ヲ抛棄シタル者ト認定スルノミ

第三條　「ノテール」ハ人民ノ求メニ應シ己レノ職ヲ行

フ可シ

此條ノ文ニ依レハ人民ヨリ囑托ヲ受ケタルトキハ必ス職務ヲ行ハサルヲ得サルハ固ヨリ言ヲ俟スト雖モ亦場合ニ依テハ職務ヲ行フヿヲ拒ムノ權利或ハ義務アリ即チ左ノ場合ハ職務ヲ行フヿヲ拒ムヘキナリ

第一　道德或ハ公安ニ悖戾シ或ハ犯罪ニ涉ルノ證書又ハ「ノテール」職務權限外ノ事件ノ囑託ヲ受タルトキ

第二　幼者又ハ行權ノ禁ヲ受タル者及ヒ婚嫁セ

シ婦等ノ如ク法律上ニテ契約スル能ハサル者ヨリ依頼ヲ受タルヰ或ハ囑託人一時醒醉ナルカ若クハ暴行ヲ為スヰ或ハ囑託ノ事件詭欺ニ渉ルヰ

第四條　各「ノテール」ハ政府(ゲーヴエルヌマン)ニ於テ預メ定メタル場所ニ住居スヘク若シ之ニ背ク時ハ其「ノテール」ヲ直チニ辭職セシモノト為シ「ミニストルドラジユスチス」(裁判事務執政)ハ裁判所ノ見込ヲ聽キタル上之ニ代ルヘキ「ノテール」ヲ政府ニ薦(プロポセー)ムル事ヲ得ヘシ

「コンミユン」邑ニ置カレタル「ノテール」ハ其地ニ永久ノ

住居ヲ構ヘ役局ヲ開設シ以テ爰ニ正本ヲ保藏シ筆生ヲ置キ篤ク注意ヲ加フヘシ又役局ハ他ノ「コンミユン」内ニ開設スヘカラサルノミナラス他ノ「コンミユン」内ハ人民ノ求メヲ受クルニ非レハ往テ職務ヲ行フヘカラス併シ其居住ノ地ニ付テノ義務又太タ嚴密ニ過スヘカラス何トナレハ「ノテール」ト雖モ別宅ヲ有セサル者ニアラサルヲ以テ爰ニ分局ヲ開キ職務ヲ行フ等ノヿナケレハ事務ノ暇ニ往來スルヿヲ得ヘケレハナリ又投票ノ為メ又ハ陪審或ハ州會議員或ハ代議士ノ職ヲ行フ為メ又ハ己レノ所有地ヲ檢

査スル等ノ爲メニハ居住ノ地ヲ離ルヽヿヲ得ヘキナリ

「ノテール」ハ裁判官ト等シク他官ニ轉スルヿナク又妄ニ免職セラルヽヿナク終身官タルニ付其職務ヲ行フ地ニ民法上ノ住所本籍ト謂テ可ナラン乎ヲ定ムヘシ民法第百七條見合政府ハ「ノテール」ノ承諾ナク其住居ノ地ヲ轉換スルヲ得ス併シ本人ヨリ之ヲ願出ルトキハ免許スルヿヲ得ルナリ

免職ニアラス辭職セシ者ト爲スニ付其「ノテール」ハ己レニ代ルヘキ「ノテール」ヲ別ニ撰ムノ權ヲ有ス

総シテ此種ノ辭職ハ政府ニテ之ニ代ル「ノテール」ヲ命スルノ前ニ別ニ言渡書ヲ以テ之ヲ定ム

此條ニ依テ辭職セシ者ナリト言渡サレタル「ノテール」ハ其言渡書ノ到達セシヨリ直チニ職務ヲ行フヿヲ罷ムヘシ故ニ此言渡書ハ辭表ノ聞屆書ト全一ノ効アリ而シテ此言渡書ハ「コミセールドグーウヱルヌマン」檢事ヨリ本人ニ渡シ場合ニヨツテハ該「コミセールドグーウヱルヌマン」ハ正本ニ封印スヘキ旨ヲ申立ツルヿヲ得ヘシ

「デパルトマンドラジュスチース」ハ裁判所ノ見込ヲ聽

ク前ニ一度或ハ數度ノ戒諭ヲ爲サシメ若シ之ヲモ承引セサル𪜈ハ初テ裁判所或ハ「コミセールドグーウヱルヌマン」及ヒ「プロキュリュールゼ子ヲール」大撿事ノ見込ヲ聽タル上辭職「ノテール」ノ撰ミタル引繼人若クハ別ニ撰定シテ政府ニ薦ムルヿヲ得ヘキナリ

第五條 「トリビュナールダッペール」控訴裁判所所在ノ「コンミュン」ニ住居スル「ノテール」ハ其「トリビュナール」ノ管轄ノ地内ニ於テ其職務ヲ行フ

「トリビュナールドプルミエールアンスタンス」初告裁判所所在ノ「コンミュン」ニ居ル「ノテール」ハ其「トリビュナール」ノ管

轄地内ニ於テ其職務ヲ行フ

其他ノ「コンミュン」ニ居ル「ノテール」ハ「トリビュナールドペー」治安裁判所ノ管轄地内ニ於テ其職務ヲ行フ

「ノテール」ヲ三等ニ分テ「トリビュナールダツペール」所在ノ地ノ「ノテール」ヲ第一等トシ「トリビュナールプレミエルアンスタンス」所在ノ地ノ「ノテール」ヲ第二等トシ其他「トリビュナールドペー」ノ有無ニ拘ハラス總テ「コンミュン」ノ「ノテール」ヲ以テ第三等トス

如此ク等級ヲ分ツト雖モ其構成「ノテール」ノ員數並取締等ニ付テ云フタルヤ「アロンディスマン」ニ依テ定メ千八百四十三年一月四日ノ法令

又其職權ハ等級ヲ論セス各異ナルナシ二等「ノテール」ノ名稱ハ「トリビュナールドプレミエルアンスタンス」或ハ「スープレフヘクチュール」郡廳アル市街(ヴィル)ニ居住スル「ノテール」ニノミ屬ス故ニ若シ甲地ノ「トリビュナールドプレミエルアンスタンス」等ヲ乙地ニ轉移セシトキハ甲地ノ「ノテール」ハ二等ノ名稱ヲ失ヒ乙地ノ「ノテール」之ヲ得ル者トス

「トリビュナールダッペール」或ハ「トリビュナールドプレミエルアンスタンス」アル「カントン」縣ノ「コンミュンリューラル」內部邑ニ居住スル「ノテール」ハ皆三等ニシテ其

「コンミユン」內ニ限リ役局ヲ開設スルヲ得然レ𪜈己レヲ管轄スル其「トリビユナールドペー」ノ管內ニシテ依賴人アレハ一等或ハ二等ノ「ノテール」居住市街ト雖𪜈往テ職務ヲ行フヿヲ得ヘシ又「トリビユナールダツペール」或ハ「トリビユナールドプレミヱルアンスタンス」ナキ市街ニテ數箇ノ「トリビユナールドペー」ノ管轄ニ分屬スル𪜀ハ己ヲ管轄スル「トリビユナールドペー」管內ニ非レハ職務ヲ行フヿヲ得サルナリ

第六條　總テ「ノテール」ハ己レノ管轄地外ニ於テ證書ヲ記スルヿヲ禁ス若シ其禁ヲ犯ス時ハ三ケ月間其職

ヲ中止シ又再犯ノトキハ其職ヲ罷メラレ且ツ償金ノ言渡ヲ受ク可シ

「ノテール」ハ己レノ管轄内ナレハ管轄外居住ノ者ノ爲ニ職務ヲ行フヿヲ得又管轄外ニアル不動産ノ競賣ト雖トモ爲メニ職務ヲ行フヿヲ得ル

本條ニ於テハ管轄外ニ於テ職務ヲ行フタルトキハ三ケ月間其職ヲ中止セラレ再犯ニ及フトキハ其職ヲ免ストス然レトモ法律ニヨリ區域ヲ改正シタルトキ等「ノテール」全ク其管轄ノ限界ヲ誤リ故意ニ出サルヿヲ證スルニ於テハ罰セサルヲ善トス若又區域ヲ誤リ

管轄外ニ於テ作リタル證書ニ付久シク「コミセールドグートウヱルヌマン」ノ訴ヲ受ケサル者ナルトキハ公正ノ効ハ尚ホ存スヘシ千八百十七年五月三十日「アルゼル」ノ「トリビユナール　ダッペール」ノ裁決見合事狀酌量スヘキ理由アルヲ以テ初犯ヲ三ケ月以內ノ停職トシ再犯ヲ免職ヨリ輕キ罰ニ處スヘシトノ說ハ該條ノ文意ニ悖戾スルヲ以テ不可ナリトス

管轄外ニ於テ作リシ證書ニ付テハ停職又ハ免職ノ外其證書ハ公正ノ効ヲ失フナリ若シ雙方ノ手署アルトキハ唯私ノ證書ノ効アルノミ此法第六十八條見合法律ニ

於テハ管轄外ニテ作リシ證書ニ付テハ其公正ノ力ヲ取消スナリ因テ證書ノ効アラシメント欲セハ必ス其證據ナカルヘカラス即チ管轄内ニテ之ヲ作リタル旨ヲ其證書中ニ附記シアルヲ以テ證據トス故ニ此附記ノ文ハ詐僞ノ訴ヲ受クルニ非レハ取消スヘカラス

第七條　「ノテール」ハ各裁判所ノ裁判官「コミセールドグーウヱルヌン」「シユブスチチユウ」検事下役ノ「ゲレフイヱー」書記官「アウヲカー」「ウイーシヱー」「コミセール、プレポゼ、ア、ラ、レセツト、デー」「コントリビユシヨン、デイレクト、ヱ、アンデイレクト」直税間税

吏ノ官「コミセール、ド、ポリス」警部及ヒ羅賣人ノ職務ヲ兼ルヿヲ得ス

「ノテール」ハ本條ニ記スル如ク裁判上ノ職務ヲ兼任スヘカラサルノ外行政上ノ職務ハ唯収税ノ官ヲ兼任スヘカラストス併シ爾來諸種ノ裁決ニ依テ「スープレペー」郡長「コンセイエー、ド、プレフェクチユール」州廳ノ會議員ニシテ或ハ參事院ト譯セル由州會議員トハ別異ナリ書入質登記役及ヒ總テ政府ニ屬スル會計官ノ職ヲモ兼任スヘカラサルヿトナレリ

「ブルクメートル」邑長ハ往々「コミセール、ド、ポリス」ノ職

ヲ行フコトアリト雖モ「ノテール」ハ「ブルグメートル」ノ職ヲ兼ネ又邑署ノ「ゲレフィエー」ヲ兼ヌルコトヲ得ヘシ然レモ居住ノ地ニ管スル義務アルヲ以テ他ノ「コンミュン」ニ於テハ「ブルグメートル」或ハ其「ゲレフィエー」ノ職ヲ兼ヌルコトヲ得ス但又州會郡會ノ議員又ハ代議士タルハ格別ナリトス

「ノテール」ハ正裁判官トナルヲ得スト雖モ裁判官補助トナルハ妨ナシ

又「ジュリイ」陪審官及ヒ仲裁人トナルト雖モ工事裁判官トナルヲ得ス

諸裁判所ノ「ゲレフィエー」及ヒ其補助トナルヲ得ス「アウヲカー」タルヲ得サルヲ以テ「アウーウェー」タルヿ亦得ヘカラス

「ジユウジ、ド、ペー」（治安裁判官）ノ補助トナルヲ得レ𪜈「ノテール」ノ證書ノ封印ヲ解ク等ノ如キ「ジユウジ、ド、ペー」ト「ノテール」トノ職務ヲ同時ニ兼行スル等ノヿアルヘカラス

第二章　公正ノ證書、書式、正本、副本、寫、及ヒ見出帳（レプルトワール）ノ事

第八條　「ノテール」ハ己レノ本系ノ親姻族ノ親ハ等級

ヲ論セス傍系ハ叔姪ノ級ニ至ル者ノ其契約中ニ關係スルトキ其證書ヲ作ルヿヲ得ス

公ケノ遺言書ニ付テモ亦一般ノ成規ニ依リ禁スル所ハ同一ナリ然レ𪜈秘密ノ遺言書（封印ノ遺言書）ノ預リ書ヲ記スルトキハ例外トスヘキナリ

此條ノ定規ノ原由ヲ解スルハ甚タ難シトセス是「ノテール」ハ人民ノ相談人ニシテ且公平不偏ナル者ナレハ血屬又ハ姻屬ノ親トハ素ヨリ親密ノ情狀アルヲ以テ意ナラスモ不得已其義務ヲ曲ケラルヽ等ノヿアルニ付勉メテ之ヲ避クルニアリ

此條中證書ノ無効ニ付テノ罰ハ此法第六十八條ノ定規ニ據ルナリ

本系ノ尊屬或ハ卑屬ノ親ノ爲メニハ等級ヲ論セス證書ヲ作ルヲ得サルハ言ヲ俟サルナリ

傍系ノ親ハ全ク叔姪ノ級マテハ證書ヲ作リ與フルヲ得サル者トシ即チ傍系ノ血屬或ハ姻屬ノ三級マテヲ云フ之ニ依テ考フレハ從祖々父姑等ノ爲メニハ此禁アラサルナリ

遺言證書ノ證人タルニ付テハ民法第九百七十五條ニ於テ四級マテヲ禁ス從祖々父姑或ハ姻屬タリト

此級ノ者マテハ證人タルヲ許サス併シ民法上ニテ禁スル所ニシテ直接ニ「ノテール」ニ對シ禁スルノ趣意ニ非スト雖モ亦「ノテール」ノ注意ヲ加フヘキノ一事ナリ

「ノテール」ハ己レノ後見ヲ爲ス幼者ノ爲ニ職務ヲ行フヘカラス但シ一時見後人ノ代理タルトキハ此限ニ非ストス然レモ己レノ筆生及ヒ雇人ノ爲ニハ公正ノ證書ヲ作リ與フルコトヲ得ヘシ

以上ニ述フル所ノ血屬又ハ姻屬ノ親假令間接ニ管渉スルモ證書ヲ作ルヘカラス例ヘハ「ノテール」ノ親

族合名ニテ結社シタル其會社ノ爲ニ證書ヲ作ルヲ得サルカ如シ併シ親族ノ者ノ株式ヲ有スル差金會社ノ爲ニ證書ヲ作ルハ妨ケナシ

第九條　總テ證書ハ「ノテール」二員ニテ之ヲ作ルヘク又ハ「ノテール」一員證人二員ノ立會ヲ得テ之ヲ作ルモ可ナリトス但シ其證人ハ佛蘭西人ニシテ且ツ姓名ヲ手署スルヲ知リ其證書ヲ作ルノ地ニ住居スル者タルヘシ

證書ヲ作リ之ヲ其見出帳ニ留メ登記税役所ニ登記セシメ而シテ其正本ヲ預リ保ツ「ノテール」ヲ第一「ノ

テール」又「ノテールアンストリュマンテール」公ケノ證書ヲ作ル「ノテール」ト云フノ義ト云ヒ又證書ヲ作ルニ立會ヒ手署ヲ為ス「ノテール」ヲ第二「ノテール」或ハ立會「ノテール」トモ云フ但シ其證書ヲ作ルノ地ニ於テ等シク職務ヲ行フヿヲ得ヘキ「ノテール」ナリ

若シ一證書ニ付契約者雙方ノ者各己レノ欲スル「ノテール」ヲ選ミ證書ニ立會ハシメタルトキハ孰レノ「ノテール」ヲ以テ主タル者トシ證書ヲ預カラシムヘキヤ曰ク二人ノ「ノテール」各其正本ヲ預ルヘキナリ然ラハ若シ契約者二人以上ナルトキハ如何曰ク第二十

條ノ說解ニ就テ知ルヘシ
「ノテール」相互ノ間ニ證書ヲ作ルニ付テ結社スルヲ得ス若シ社ヲ結フ𪜀ハ專賣ニ類似シ公益ノ主意ニ悖戾スヘシ

○○○○○○

第二「ノテール」ノ立會ハサル𪜀ハ二人ノ證人ヲ用ヰヘシ然レ𪜈二人ノ證人ハ自ラ證書ヲ作ルヿナク唯立會ヲ爲スノミ之ヲ證書ノ證人（テモアンシアンストリユマンテール）ト云フ「ノテール」ハ公ケノ職務ヲ行フ者ナレハ其證人タル者ハ必ス國法ニ於テ定メタル權利ヲ具有スルノ「シトワイヤン」（國民）タルヘク唯佛國ニ生レ或ハ歸化シタ

ルノミニテハ未タ證人タルヲ許スヘカラス必ス「シトワイヤン」タルヘシ即チ公權或ハ政權ヲ享有スル者ヲ云フ

又證人タル者ハ其證書ヲ作ル「アロンディスマン」內ニ主タル住所アル者ヲ要ス一時其地ニ居住スル者ト云ノ意ニアラス例ヘハ其地ニ出張ノ兵士又ハ研學ノ爲メ等ニテ滯住スル學生ノ如キハ證人タルヲ得サルナリ

第十條　「ノテール」二員互ニ第八條ニ禁シタル級內ノ親族又ハ本系姻族ナルトキハ相與ニ同一ノ證書ヲ作ル

ヿヲ得ス

「ノテール」又ハ契約ヲ爲ス雙方ノ親族若クハ姻族ノ第八條ニ禁セシ級内ニ在ル者又ハ「ノテール」ノ筆生又ハ「ノテール」及ヒ契約ヲ爲ス者ノ僕從ハ證人トナルヿヲ得ス

法律ニ於テハ證書ヲ作ルヿニ付人民ニ對シ最モ公平不偏ノ信ヲ與フルニハ二人ノ「ノテール」ノ管渉スルヲ望ム故ニ若シ同一ノ證書ニ管渉スル二名ノ「ノテール」互ノ間血屬又ハ姻屬ナルトキハ自然情義ノ存スルアルヲ以テ公平不偏ノ信ヲ與フルノ効ナシ是

レ此條ノ定規ニ於テ禁スル所以ナリ
遺言證書ニ付テモ主義同一ナリトス
「ノテール」又ハ契約者ノ血族或ハ姻屬ノ者證書ノ證人トナルニ付テノ禁モ亦前ニ述フル所ト理由ハ同一ナリ
筆生年限簿ニ登記サレタル者ト否トヲ問ハス又給料ヲ受クル者ト否トヲ論セス總テ「ノテール」ノ筆生ハ證書ノ證人タルヲ得ス
雇人トハ奴僕ノミヲ指スニアラス「ゲレフィエー」教師（フレセプテール）勘定方（アンタンダン）及ヒ書司（ビブリオテツケール）等ヲモ含有スルナリ總シテ以上ノ

理由ニ依テ推考スルニ「ノテール」ハ他人ノ遺言ニ付己レノ奴僕等ヲ證人トスルコハ敢テ爲サヽルヘシ

證書ノ證人同時ニ人ヲ證スル證人ト爲ルヲ得ヘキヤ否ヤハ第十一條即次條ノ說解ニ就テ見ルヘシ

第十一條　契約ヲ爲ス雙方ノ姓名身分住所ハ「ノテール」預メ承認ノ者ナルヘク若シ然ラサレハ己レノ承認セル「シトワイヤン」二人ノ其證人トナルヘキ分限アル者ニテ其契約證書中ニ雙方ノ姓名職業住所ヲ證セシムル可シ

「ノテール」ハ證書ノ囑托人其役場ニ出席シタルトキハ該者ハ何ノ誰ニ相違ナキヲ慥ニ知識セサルヘカラス若シ之ニ注意ヲ爲サヌ職務ヲ行フタルトキハ停職ノ罰ニ至ルヿアルヘシ

身分トハ官職並ニ工商ノ職業等ヲ云フ契約ヲ爲スノ能力アル者ナルヤ否ニ付テ云フニハ非ルナリ

面識ノヿハ「ノテール」其囑托人ト相對ノ申合セ又ハ其他ノ方法ニ依テ他日ノ責ヲ來サヽル樣充分見込ヲ定ムヘシ故ニ囑托人ヲ證スルト否トハ全ク「ノテール」ノ意ニ任ス因テ「ノテール」ハ旅行免狀（パスポール）或ハ兵士

ナレハ其路券（フエイユドルード）ヲ證トシテ承諾スルヿヲ得ヘシ
又陸軍出兵シテ守備中ナレハ其聯隊ノ二名ノ士官或ハ下士官ヲシテ契約者タル軍人ヲ證セシメ海軍ナレハ其船艦ノ士官二名ニテ之ヲ證セシムヘシ
若シ證書ニ付人ヲ證スル證人ヲ用ヰサルトキハ法律ニ於テハ總テ「ノテール」ヲ以テ囑托人ヲ面識セル者ト看做シ別段面識セルト否トハ證書ニ附記スルヿヲ命セサルナリ
證書ノ證人ヲシテ同時ニ囑托人ヲ證セシムルハ妨ケナシト雖モ寧ロ二種ノ事務ヲ兼帶セシメサルヲ

良トス

人ヲ證スル證人ハ「ノテール」或ハ囑托人トノ間第八條ニ禁シタル親族ナルトキハ如何曰ク妨ケナキナリ何トナレハ第十條ニハ證書ノ證人ニノミ之ヲ禁スルヲ以テ面識ナキ人ヲ證セシムルハ恐ク親族ヨリ慥カナルハナカルヘキナリ殊ニ本條ノ主意ハ人ヲ證スル證人ハ證書ノ證人ト同一ノ身分タルヘキヲ要スルノミニテ嘗テ之ト同一ノ禁ヲ受クルト云ニハ非ルナリ

第十二條　總テ證書中ニハ之ヲ作ル「ノテール」其姓名

住所ヲ記入スヘク「ノテール」若シ之ヲ記入セサルキハ百「フランク」ノ罰金ヲ言渡サルヘシ

證書ノ證人ノ姓名住所及ヒ契約ヲ結フ其年月日モ亦之ヲ記入スヘク若シ之ヲ記入セサル時ハ第六十八條ニ定ムル罰ヲ受ケ且ツ其贋造ノ規則ニ觸ルヽ時ハ贋造ノ刑モ亦之ヲ受クヘシ

此條ノ趣旨ハ了解スルニ甚タ難シトセス則其箇件タルヤ先ツ公正證書ノ力ヲ明確ニシ證書ノ條件ヲ取調フルニ易ク就中「ノテール」ノ管轄外ニ於テ職務ヲ行フノ禁及ヒ囑託人ト「ノテール」或ハ證人トノ間

ニ血族又ハ姻族ノ親タルヲ得サルノ禁等ニ付キ此律ノ定規ノ通リ行ハルヽヤ否ヲ認定シ且證人トナリシ者愈其人ニ相違ナキヤヲ保證スル爲ニ最要ナル者トス

年月日ハ證書ノ完備ニ付一大要件ナリト雖モ何曜日タルヿ或ハ其證書ヲ作リ終リシ時刻等ハ記スルニ及ハス然レモ遺言書ニ限リ時刻ヲ記スルヿヲ要スヘシ何トナレハ同遺言者同年同月日ニ又他ノ「ノテール」ニ頼テ遺言ヲ爲ス者ナキハ保證シ能ハサレハナリ

第十三條　「ノテール」ノ證書ハ之ヲ一文體ニ記シ其文字ハ通讀ニ易ク畧語ヲ用ヰス空白ヲ存セス改竄ヲ爲サヽルモノタルヘク又其證書ニハ契約ヲ爲ス雙方ノ姓名、身分、住所及ヒ第十一條ニ定メタル證人ノ姓名、身分、住所ヲ記スヘク又其證書中ノ金高及ヒ年月日ハ數字ヲ以テ之ヲ記スヘカラス又其證書ノ正本ニハ若シ其契約ヲ爲ス者ノ委任狀アルキハ之ヲ添ヘ且ツ其正本中ニハ其證書ヲ雙方ニ讀ミ聞カセシ旨ヲ記スヘシ「ノテール」若シ此規則ニ背クキハ百「フランク」ノ罰金ヲ言渡サルヘシ此條ノ主意タルヤ文體明瞭ニシテ且ツ文字ノ一體ナルヲ要シ又兩意ノ文章及總テ後來ノ書加ヘヲ避ケ又「ノテール」囑託人ヲ知ラサル𬼀人ヲ證スル證人ヲ以テ之ヲ證セシメタルヿヲ慥カメ及ヒ金額並ニ年月日ノ詐僞ヲ豫防シ或ハ代理人其權ヲ失フタルヿヲ認ムルニアリ然レ𪜈代理ノ權ノ存スルヤ否ハ固ヨリ知ルヘキナリ如何トナレハ代理人ノ姓名手署セシ證書ニ據テ之ヲ見レハ契約執行上ニ於テ本人ノ委任セシ權限ハ已ニ明カナレハナリ

公正ノ證書ハ税印紙ヲ必ス用ヰヘキナリ又之ヲ記

スルハ契約者中ノ一方ノ者ニテ記スルモ妨ケナシ是レ記スルノミニテハ未タ證書ヲ作ルト謂フノ意ニハ非レハナリ

總テ公正ノ證書ハ佛蘭西語ヲ以テ記スヘシトス然レモ外國ノ俗語ヲ混用スル「デパルトマン」州ニ於テハ他邦ノ語ヲ本邦語ニ譯シ欄外ニ記入スルヲ得ヘシ若シ又遺言者他邦ノ語ヲ以テ遺言スルキハ「ノテール」之ヲ佛蘭西語ニテ記スヘシ但シ之ヲ佛語ニ反譯シ欄外ニ記入スルフハ格別ナリ若シ公正ノ證書ヲ佛蘭西語ニ記セサルキハ其効ナシト雖モ總テ

契約者ノ手署アルニ於テハ唯私ノ證書ノ効アルノミ

凡ソ證人タル者ハ佛蘭西語ヲ知ラサルヲ得スト雖モ遺言者他邦ノ俗語ヲ混用シ遺言ヲ爲ストキハ其證人ニハ必ス兩樣ノ語ヲ解スル者ヲ要スヘキヤ曰ク否ラス通辨者アラハ其効ナキニ至ラサルヲ以テ若シ「ノテール」遺言者ノ國語ヲ解セサルモ通辨者ヲ用ヰルヲ得ヘシ

「ノテール」ノ雙方ニ讀聞セヲ爲シタルヿ及ヒ手署シタルヿヲ以テ全ク證書ヲ作ルト云是レ證書ニ付最

要ノ箇件ナレハ其旨ハ必ス正本ニ記入スヘキナリ

第十四條　總テ證書ハ契約ヲ爲ス雙方ト證人及ヒ「ノテール」ト各其姓名ヲ手署シ且ツ「ノテール」ハ其文尾ニ其各人ノ姓名ヲ手署セシ旨ヲ記スヘシ

若シ姓名ヲ手署スル能ハサル者アルトキハ其由ヲ附記スヘシ

證書ニ姓名手署ヲ爲スハ必要ナル者ナリ故ニ假令手署ノ字體讀了シ難キモノナルカ若クハ己レノ姓名ヲ他人ノ記シタルヲ摸寫シテ己レノ手署トセシ者ナリト雖モ其證書ハ効ナキニ至ラス然レモ他人

ノ手ヲ借リ手署セシ者ハ效ナシトスルナリ

囑託人ハ第一「ノテール」及ヒ第二「ノテール」或ハ證人ノ面前ニ於テ姓名ヲ手署スヘシ否ラサルキハ其效ナシトスヘキナリ

囑託人ノ手署ナキ者ハ草案ト云モ可ナリ又雙方手署シタルキハ私ノ證書トナリ而シテ之ニ證人及ヒ「ノテール」手署シタルキハ即チ公正ノ證書トナル故ニ「ノテール」ハ必ス最終ニ手署スヘキ者トスルナリ」孰レモ一同姓名ヲ手署セシ旨ハ殊更ニ證書ニ明記スヘク若シ囑託人姓名手署ヲ知ラサルカ若クハ能

ハサルキハ其旨ヲ證書ニ記載スルノミニテハ未タ盡シタルモノトセス因テ囑託人姓名手署ヲ知ラス或ハ之ヲ能ハスト陳述セシ旨ヲ記載スヘシ是則チ「ノテール」ヨリ姓名手署スヘキノ促ヲ得テ之ニ應答セシ者ト推定スルナリ又姓名手署ヲ知ラサルノ陳述ヲ以テ文字ヲ記スルヿヲ知ラサルノ陳述トハ同視スヘカラス何トナレハ姓名ヲ手署スル者ヲ知テ文筆ナキ者往々アレハナリ

第十五條　書直(ランヷー)シ及ヒ書加(アッポスチル)ヘノ文ハ之ヲ欄外ニ記シ其文毎ニ「ノテール」及ヒ其他契約ニ管スル者姓名ヲ手

署スヘシ若シ其手署ナキトキハ其書直シ及ヒ書加ヘノ文ヲ効ナキモノトス

若シ追加ノ文ノ長キカ為メ之ヲ證書ノ末ニ記載スルヲ要スル時ハ欄外ノ追加ノ如ク其姓名ヲ手署スヘキノミナラス契約ヲ為ス雙方ノ其文ヲ可トセシ旨ノ明文ヲ記スヘシ若シ之ヲ記セサルトキハ其追加ノ文ヲ効ナキモノトス

書直シトハ欄外又ハ證書ノ文末ニ符號ヲ付ケ其書直ヲ標示スルヲ云フ又書加ヘノ文ハ齊シク欄外或ハ本文ノ末尾ニ符號ヲ付ケ其書加ヘヲ示ヲ云フ總

シテ書直シ等ノ文ハ證書ノ不備ヲ補全スルモノナレハ能ク注意ヲ加ヘサルヘカラス
法ノ原理ニ據リ論スルニ如何ナル書直シ又ハ書加ヘト雖モ假令囑託人ノ承諾ノ上ナルモ程過テ之ヲ爲スヘカラストス併シ實際慣習上ニ於テハ左程嚴格ナルヿナシト雖モ亦證書手署ノ後ハ容易ニ之ヲ許スベカラサルナリ
證書ノ書直シ及ヒ書加ヘノ文ト副本或ハ寫ヲ渡ストキニ正本ニ爲ス附記ト混同スベカラス是レ書直シ或ハ書加ヘノ文ハ囑託人モ共ニ手署セルモノニシ

テ證書本文ノ部分ナレハナリ

證書ニ書直シ或ハ書加ヘヲ爲シタルキハ之ニ本手署或ハ畧手署ヲ爲スノミナラス此事ヲ慥ニ認證スルノ文ヲ記スヘシ

總シテ本文ノ末尾ニ爲シタル書直シ或ハ書加ヘノ手署ハ本文ノ手署ト兼用スルハ例規ト云ニハアラス故ニ證書本文ノ手署ノ後ニ書直シ等ヲ爲シ別ニ手署或ハ畧手署ヲ爲スヲ得ヘキナリ

第十六條　證書中ニハ重畫（ミユルシヤルヂ）間行（アンテルリンユ）又書加（タツヂイツシヨン）ヘアルヘカラス若シ之アルキハ其文ハ効ナキモノトス

塗抹シタル文字ハ其字數ヲ欄外或ハ証書ノ末ニ記シ其姓名ヲ手署スヘキノミナラス契約ヲナス雙方ノ其文ヲ可トセシ旨ノ明文ヲ記スヘシ若シ「ノテール」ノ之ヲ爲サヽルキハ五十「フランク」ノ罰金ヲ言渡サレ且ツ契約ヲ爲ス者ニ對シ償金ヲ拂フベシ但シ「ノテール」詐僞アルキハ其職ヲ罷メラルベシ

○重畫トハ最初記シタル語ヲ覆記シ別語ニ直スヲ云又語ヲ削リ去リ別語ヲ記スルモ重畫トス此法ニ於テハ語ヲ覆記スルヲ禁シテ字ヲ覆記スルヲ禁スルニ非ス但シ字ヲ覆記シタルニ依リ全ク語

ノ意味變ハルキハ格別ナリトス

間行トハ二行ノ文ノ間ニ書入レタル文或ハ語ヲ云フ

書加ヘトハ項ノ首尾ニアル空白ノ處或ハ語ト語ノ間ニ必ス空白ノアルヘキ處或ハ紙葉ノ首メ又ハ畢リニ書スルヲ云フ

第十七條　政府ノ布告ニ違ヒ既ニ廢シタル封建ニ屬スル名稱位號及ヒ度量金銀ノ名稱並暦ヲ用ヰシ「ノテール」ハ百「フランク」ノ罰金ヲ言渡サレ再犯ノキハ之レニ倍スル言渡ヲ受クヘシ

第十八條「ノテール」ハ其役場ニ一箇ノ表ヲ懸ケ其表中ニ己レノ管轄地内ニ住居スル人民中ニテ治産ノ禁ヲ受ケ又ハ裁判所ヨリ輔佐人ヲ任セシ者ノ姓名身分住所及ヒ之レカ爲メ言渡シタル裁判書ノ寫ヲ記載スヘシ但シ此手續ハ其裁判言渡ノ送達ヲ受ケタルトキヨリ直ナニ之ヲ爲ス可ク若シ此手續ヲ爲サヽルトキハ契約ヲ爲ス雙方中ヨリ償金ヲ要ムルヿヲ得ベシ

「ノテール」ノ役場ニ表ヲ揭ケ置クノ主意タルヤ例ヘハ幼者或ハ行權ノ禁ヲ受ケタル者或ハ裁判所ヨリ任シタル輔佐人アル者ノ如キ自治ノ權ナキ者ト諸

契約ヲ爲シタル後チ損害ヲ蒙ル等ノ患ヲ豫カシメ避クルニアルナリ

此等ニ管スル裁判言渡書ハ裁判所ヨリ直チニ「ノテール」ニ送達セシモ今日ニ至テハ其裁判ヲ請求シタル本人ヨリ直チニ「ノテール」取締局ノ「ゲレフィエー」ニ宛テ其寫ヲ差出ス「ゲレフィエー」ハ即チ其領受書ヲ渡シタル後直チニ之ヲ各「ノテール」ニ通知ス各「ノテール」ハ之ヲ畧抄シテ其役場ニ掲示スルナリ

第十九條　總テ「ノテール」ノ証書ハ裁判上ニ於テ眞正ノモノト信據シ佛蘭西全國内ニ之ヲ執行スベシ

然レ𪜈其證書ニ付キ贋造ノ訴ヲ主トシテ爲シタル者アル𬼀ハ裁判官ハ「ジュリイ」ノ之ヲ審判スベシト云ヘル決定ニ因リ其證書ノ執行ヲ中止セシムベシ若シ又其贋造ノ訴ヲ從トシテ爲シタル時ハ事實ノ輕重ニ從ヒ裁判官假リニ其證書ノ執行ヲ中止スルヿヲ得ベシ

裁判上ニ於テ眞正ノモノト信據スルトハ「ノテール」ノ面前ニ於テ契約者ノ陳述セシ事柄ハ其證書ニ記載セル所ニ毫モ相違ナキト云ノ義ニシテ其陳述セシ所眞ノ良心ニ出シヤニ付テ云ノ意ニ非ルナリ

重罪告訴ニ付テノ「ジュリイ」ヲ廢セシ以來ハ重罪取調（シヤムブルダツキユザシヨン）

局アッテ當時ハ該局ニ於テ此決議ヲ為スナリ

第二十條　「ノテール」ハ其記シタル總テノ証書ノ正本ヲ己レニ保存シ置クベシ

然レモ生存ノ證書、委任狀、某ハ某地ノ某人ナルヲ證スル證書、小作賃ノ受取書、家屋貸賃ノ受取書、給料ノ受取書、養育料及ヒ年金ノ受取書、並法律ニ從テ定メタル畧式ニテ渡シ得ベキ證書類ハ此限ニ非ス

正本ハ囑託人證人及ヒ「ノテール」ノ姓名ヲ手署セシ證書ノ本紙ニシテ必ス「ノテール」其役場ニ保存シ置クベキ者ナリ而シテ之ヲ作ルハ第一ノ「ノテール」タ

ルベシ

一般ノ規則ニ據リ論スレハ正本ハ必ス一通ノモノナルベシト雖𪜈地方ニヨリ若シ「ノテール」二人ニテ作リタルキハ慣習ニ於テ二人ノ「ノテール」各一通ヲ保存スルハ是レ法律ニ於テ殊更ニ之ヲ禁セサヽル所ナリ蓋シ法ノ精義ニハ反スルヲ以テ「ノテール」タル者亦爰ニ能ク注意ヲ加フベキナリ若シ右ノ如ク正本二通ヲ作リタルキハ各正本ニ其旨ヲ附記シ又登記税役所ノ登記濟シタル旨ヲモ之ニ附記シ置クベシトス

正本ニ用ヰル紙ハ其大小ヲ論セスト雖モ必ス税印アル紙ヲ用ヰヘシ又同一ノ紙葉ニ別事件ヲ記載スベカラス

正本ヲ保存スルヿハ一般ノ規則ナリト雖モ此法ニ於テ別段署式ノ公正證書（アクトアンブレヴヱー）ニ作ルヘシト定メサル者ハ正本ニ作ルベク又若シ正本ニ作ルベキカ又ハ署式證書ニ作ルベキカニ付疑ハシキ場合ニ於テハ假令其囑托人ハ之ヲ署式ニ作ルヲ望ムト雖モ寧ロ正本ニ作ルヲ良トス

一般ノ例規ニ於テ委任狀ハ署式證書ニ作ルヲ得ベ

シト雖モ生存中ノ贈遺ヲ承諾スルニ付テノ委任狀並ニ公債證書讓渡ノ片名簿書替ニ付テノ委任狀ハ必ス正本ニ作ルベシ

何ヲカ畧式ニテ渡シ得ベキ證書類ト云乎曰ク契約ニ管セサル書類ニシテ雙方ニ義務ナキノ證書ヲ云フ例ヘハ雙務ノ契約ノ如キハ決シテ畧式ニテ渡スベカラサルモノナリ

片務ノ契約ナレハ畧式ニテ渡スモ妨ケナシ故ニ又囑托人ノ都合ニヨリ畧式ニテ渡スヲ得ベキ證書ト雖モ求メヲ受クルトキハ正本ニ作ルヿヲ得ベキナリ」

畧式ノ證書ハ本紙ノマヽニテ數通ヲ渡スヲ得ベク例ヘハ遠國ニ遞送スベキ委任狀ノ如キハ囑託人通常二本ヲ取ル等ノ如シ

畧式證書モ亦正本ニ用井ルト同一ノ紙ニ記スベク又登記稅役所ノ登記濟ミタル後ニ非サレハ渡スベカラス而シテ見出帳ニハ必ス之ヲ渡シタル旨ヲ留置クベシ

第二十一條　證書ノ副本及ヒ寫ヲ記スルノ權ハ其正本ヲ所持スル「ノテール」ノミニ在リトス又證書ノ如何ナルヲ問ハス囑託ニ因テ己レニ保存セルモノハ其寫

ヲ渡スヿヲ得ベシ

副本ノ解ハ第二十五條及ヒ第二十六條ノ説解ニ就テ見ルベシ

寫ハ證書ノ正本ノ正寫ヲ云フ但正本ニアル所ノ附記ノ文本文ニ關セサルモノハ謄寫セス又此寫ニハ正本ニ囑託人ノ手署アルヿヲ別ニ附記スルニ及ハス又第二「ノテール」ノ姓名アルヿモ亦記スルニ及ハストス然レ𪜈若シ正本ノ欄外或ハ本文ノ末尾ニ書直シ等アッテ囑託人ノ之ヲ認定シタル旨記載ナキトキハ其旨ヲ寫ニ附記スルヲ要スベシ

「ノテール」寫或ハ抜抄(エキストレー)中誤錯ヲ爲シ之カ爲メ囑託人ニ損害ヲ爲シタルトキハ之ヲ擔當スヘシトス

寫ヲ渡シタル旨ヲ正本ニ附記スルノ定規ナシト雖トモ第一ノ寫(ブルミエールエキスペディション)ハ正本紛失ノ場合ニ於テ正本ト等シキ確信ヲ致スモノナルヲ以テ渡シタル旨正本ニ附記スルモ蓋シ要用ナラン乎

寫中ニ重畵又ハ間行等ヲ爲スハ法ノ禁スル所ニ非ス故ニ若シ之ヲ爲ストモ罰金ニ處セラルヽコトナシ然レトモ之カ爲メ囑託人ニ損害ヲ生シタルトキハ其責ニ任スヘシトス

故ニ書直シ等ヲ爲スベキ𪜀ハ正本ト同一ノ方法ヲ以テスルヲ良トス又各項空白アラハ墨線ヲ引テ之ヲ塡スベシ

「ノテール」證人二人ノ立會ニテ作リシ證書ノ寫ナル𪜀ハ「ノテール」ノミ之ニ姓名手署ス又「ノテール」二人ニテ作リシ證書ノ寫ナル𪜀ハ巴里府ノ慣習ニテハ第二ノ「ノテール」ハ其正本ニ手署セシ者ナラストモ必ス二人ノ「ノテール」ニテ手署シ渡スヿトス併シ唯一人ノ「ノテール」ニテ手署シタル者ト雖𪜈信據ヲ爲スヿニ於テハ嘗テ換ルヿナシ

寫ニ手署スル「ノテール」ニテ其毎葉ノ下端ニ畧手署ヲ為シ又塗抹等ノ文字アルトキハ之ヲ其欄外或ハ本文ノ末尾ニ掲ケ認證スル旨ヲ記シ而シテ第一ノ「ノテール」ノ役印ヲ欄外ノ下端手署ノ左側ニ捺ス

正本ヲ所持スル「ノテール」トハ之ヲ作リシ「ノテール」或ハ引繼ノ本任者ノミヲ云フニ非ス第六十一條ニ定メタル如ク官ノ命ヲ受ケ假リニ引繼人トナリシ「ノテール」モ亦副本寫或ハ拔抄ヲ渡スノ權アリ

若シ正本二通ヲ作リシ場合ニ於テハ之ヲ預ル「ノテール」ハ各寫及拔抄ヲ渡スノ權ヲ有ス但シ副本ヲ渡

スハ此例ニ非ルナリ

又公安ヲ害シ或ハ風俗ヲ亂ス等ノ事件ヲ除クノ外ハ如何ナル證書ヲ問ハス全ク他人ノ作リシ證書類ノ保存ヲ囑託セラレタルトキハ總テ「ノテール」ハ其寫ヲ渡スコトヲ得ベシ併シ此寫ト云フハ「エキスペディシヨン」ニ非ス單一ノ寫(コピー)ナルノミ例ヘハ初メ畧式ニテ渡シタル證書若クハ私ノ證書ヲ囑托人ヨリ正本トシテ保存スルコトヲ求ムルトキノ如シ又法ニ於テハ殊更ニ定メスト雖𪜈此條ノ趣意ニ基キ「ノテール」ハ對(コピー)校(ゴラシヨネー)ノ寫ヲ渡スコトヲ得ベシ對校ノ寫ヲ作ルトハ即チ

書類ノ種別ヲ問ハス携ヘ來リ其寫ヲ求ムルトキ之ヲ記シ渡シ同時ニ原書ヲモ囑託人ニ返スヿヲ云フ而シテ此寫ノ末尾ニハ原書ト相違ナキ旨ヲ證述スヘシ此證述ノ文ハ一ノ證書ト看做スヲ以テ「ノテール」或ハ證人二人ノ立會ニテ之ヲ記シ又見出帳ニモ留置クヘキナリ而シテ之ニ用ヰル紙ハ「フランク」ノ税印紙ナリ

第二十二條　證書ノ正本ハ法律ニ於テ定メタル場合又ハ裁判所ノ命アルトキニ非サレハ「ノテール」之ヲ手放スヿヲ得ス

但シ之ヲ手放スニハ先ツ別ニ寫ヲ記シ其姓名ヲ手署シテ裁判所長ト「コミセールデュトリビュナール」撿事ノ撿查ヲ受ケ正本ノ返リ來ル迄其正本ニ代用スヘシ「ノテール」ハ正本ノ預リ人タルヲ以テ之ヲ保存スルニハ紛失ノ患ナキ樣常ニ注意ヲ爲サヽルヘカラス故ニ法ニ於テ殊ニ定メタル塲合ニ非レハ之ヲ役局外ニ出スヲ得ス又假令義務者權利者ニ對シ負フタル義務ヲ已ニ盡シ終リタル證書ノ正本ナリト雖モ固ヨリ正本中區別アラサルカ故ニ必ス「ノテール」嚴密ニ保存スヘキナリ

見出帳ノ附記又ハ登記税役所ノ簿册ノ附記又ハ侘ノ「ノテール」ニ引渡シタル正本ノ署記目錄（エターツメール）ハ正本保存ノヿニ付詞訟ノ生シタル場合ニ於テハ眞ニ證據ノ端緒トナルヘシ

正本ノ紛失ニヨリ囑託人ニ損害ヲ生シタルトキハ「ノテール」其責ニ任スルハ論ヲ俟タスト雖𪜈亦眞ニ抗拒スヘカラサル災害ニヨリ紛失シタルトキハ「ノテール」其責ニ當ラサルナリ然レ𪜈其事實ハ「ノテール」ヨリ明細ニ證述セサルヘカラス

凡ソ「ノテール」ノ責任ハ其遺物相續人ニマテ及フト

雖モ辭職或ハ死去ヨリ已ニ三十年ヲ過レハ其責任ヲ免カルヘシ

正本ハ必ス役局中ニ保存スヘク其場所ハ濕地ナラス且水火ノ危難等ニ懸念ナキ地ヲ勉メテ撰ムヘシ」

法律ニ於テ定メタル場合トハ主タル贋造ノ訴ニ附帶ノ贋造ノ訴ニ書類驗眞願等ヲ云フ

裁判所ノ命アルトキハ「ノテール」ハ贋造ト告ケラレタル所ノ書類或ハ正本ノ取調書ヲ出サヽルヘカラス其他裁判官必要ナリト見込ムトキハ其詞訟ニ管スル證書ヲ差出サシムルヿヲ得ルナリ

又貧院或ハ公ケノ建テ物ニ管スルノ證書ハ「プレヘー」長州ノ認可ヲ受クルトキハ之ヲ他ニ出スコヲ得之ヲ出シテ「ブルグメートル」ヨリ請取書ヲ取リ置タルトキハ假令紛失スルモ責任ハ免カルヘシ

裁判ノ言渡ニ因テ何日マテニ證書ヲ差出スヘキ旨ヲ命セラレ其期日マテニ出サス若シ出スヲ拒ミタルトキハ裁判所ヨリ一應呼出ヲ受ケ取糺サレタル後拘留セラルヘシ

「ノテール」裁判所ニ證書ヲ出スヘキトキハ自ラ携帶スヘシ若シ佗管轄ノ裁判所ニ出スヘキトキハ我住所ノ

地ノ裁判所ノ書記局ニ出スノミトス而シテ該證書ハ「コミセールデュトリビュナール」ノ差圖ニテ送附セラルヘナリ

第二十三條　「ノテール」ハ「トリビュナールドプレミエルアンスタンス」ノ長ノ命令アルニ非サレハ契約ヲ結ヒシ雙方又ハ其相續人及ヒ其證書ニ付テノ有權者其他其契約ニ管係アル人ノ外證書ノ寫ヲ渡シ或ハ之ヲ示スヿヲ禁ス若シ此禁ヲ犯ス𪜈ハ償金及ヒ百「フランク」ノ罰金ヲ言渡サレ再犯ノ𪜈ハ三ケ月間其職務ヲ中止セラルヘシ但シ登記稅ノ事ニ管スル法律及ヒ規則又

ハ裁判所内ニ公告スベキ證書ニ管スル法律及ヒ規則ヲ執行スル爲メ「ノテール」ノ寫ヲ記スルハ格別ナリトス

公正ノ證書ハ囑托人ノ所有物ニシテ「ノテール」ハ其預リ人ナレハ囑托人ヨリ求ムルトキハ何時タリトモ其寫ヲ與ヘ又ハ其正本ヲ示スコトヲ得ヘシ然レトモ他人ニ對シ證書ヲ作ルトキ囑托人ノ談セシ事柄又ハ證書ニ記載ノ事件ヲ漏洩スルヲ得サルハ「ノテール」ノ一大義務ナリ若シ之ニ違ヒ人民ノ秘事ヲ洩スヰハ刑法第三百七十八條ニ定ムル一ケ月ヨリ少カラス六

ケ月ヨリ多カラサル禁錮ニ處セラレ且百「フランク」ヨリ少カラス五百「フランク」ヨリ多カラサル罰金ヲ科セラルヘシ而シテ此條ニ定ムル所ノ罰ト並ヒ行レテ相觸ルヽナシ

證書ヲ登記税役所ニ登記セシムルヿ又ハ婚姻ノ契約書或ハ諸會社ノ證書ヲ公告スル爲メ裁判所等ニ掲示スル等ハ洩泄ヲ禁スルノ限ニアラス

第二十四條　裁判所ノ命ニ依テ證書ノ正本或ハ寫ヲ出スル時ハ其「ノテール」自ラ調書ヲ作ルヘシ但シ裁判官中ノ一人或ハ他ノ「ノテール」ノ其役局ニ出席シテ取調

ヲ為ス時ハ別段ナリトス

訴ニヨリ裁判所ヨリ正本ノ取調ヲ言渡シタルトキハ其言渡書ヲ相手方ニ送達シ又同時ニ其證書ヲ預リタル「ノテール」ノ役局ニ何月日ニ出席スベキノ呼出状ヲ送達ス又「ノテール」ニモ同ク言渡書ノ寫ヲ送ル

若シ呼出ヲ受タル者出席セサルトキハ其呼出期限過タルヨリ一時間ノ後正本ノ取調ヲ始ムルナリ

右取調ノ始末書ニハ正本並ニ之ニ綴アル書類及ヒ其紙數或ハ欄外ノ文等ハ一切漏泄ナク記載スヘキナリ

此取調書ヲ作ル時ハ原被雙方共ニ立會ヲ爲スヿヲ得ヘシトス

第二十五條 執行ノ文ヲ加記シテ渡スモノハ獨リ副本ノミトス故ニ副本ハ裁判言渡書ト其首尾ノ文體ヲ同フス

副本ハ證書面ノ通リ執行セシムルノ書式ヲ備具スルノ外ハ即チ正本ノ正寫ナリ

「ノテール」ハ此副本ヲ渡スヿヲ以テ眞ニ公ケノ職務ヲ行フモノト謂フベシ而シテ之ヲ渡スキハ第二ノ「ノテール」ハ手署スルニ及ハサルナリ

署式ノ公正證書ハ執行ノ書式ヲ以テ渡スヿヲ得サルモノナリ

執行ノ書式ニテ渡スヲ得ヘキ證書ニハ必ス義務ナカラサルヘカラス而シテ其義務ハ未タ盡サヽルモノタルヘシ乃チ左ノ件々ヲ要ス

第一　金額ノ明瞭ナル證書其員數不定ノ金ナリト雖𪜈其價額ヲ定メ得ヘキモノタルヘシ

第二　其證書ノ力ニ依テ直接ニ執行ヲ爲シ得ヘキモノナルヘシ若シ否ラスシテ裁判所ニ訴フルヲ要スルモノナルニ於テハ其執行ハ裁判言

渡ノ副本ヲ以テスヘシ「ノテール」ノ副本ニ依ルニアラサルナリ

此原則ニ依ルトキハ已ニ現金ニテ拂ヒ渡シタル競賣ノ證書ハ副本ヲ渡スヲ得ス又事ヲ爲スヘキノ義務或ハ事ヲ爲スヘカラサルノ義務ニ付テノ證書又一ノ事實ヲ證明スルノ證書又定期ニ金額ヲ拂ヒ渡スヘキノ契約ナキ財産分派ノ始末書又婚姻ノ契約書ニシテ夫婦ノ内一方ヨリ他人ニ金額ヲ拂ヒ他人ヨリ夫婦ノ内ニ拂ヒ渡スヘキ約束ナキモノ又遺言書等ハ總テ副本ヲ渡スヿヲ得ス其他私ノ證書ヲ正本

トシテ預リタルモノモ亦副本ヲ渡スヲ得ス但シ義務者ノ承諾ヲ得テ之ヲ「ノテール」ニ預ケタルモノハ副本ヲ渡スヲ得ヘキナリ

副本ニ記スル執行ノ書式ハ左ノ文ヲ記ス

冒頭ノ文　佛蘭西王路易非拉現今及ヒ今後ノ萬民ニ對シ康安ヲ祈ル

結尾ノ文　此證書ノ執行必要ナルニ於テハ我カ「プロキュリュールゼネラール」及ヒ「コミセールデュトリビュナール」ニ之ヲ賛成スヘキ旨ヲ命ス又法ニ適シ已ムヲ得サルニ於テハ我カ諸軍兵ノ指揮官タル

將校ニ兵力ヲ貸與スヘキ旨ヲ命ス
仍テ此證書ニ捺印セシムル者ナリ

第二十六條　副本ハ證書關係ノ者ノミニ渡スヿヲ得之ヲ渡シタル𪜈ハ正本ニ其旨ヲ附記スヘク「トリビュナールドプレミヱルアンスタンス」ノ長ノ命令アルニ非サレハ再ヒ副本ヲ渡スヘカラス若シ之ヲ渡ス𪜈ハ其命令書ヲ正本ニ綴リ置クヘシ

若シ此條ノ規則ニ背ク「ノテール」ハ其職ヲ罷メラルヘシ

正本ノ附記ニハ「ノテール」必ス姓名ヲ手署シテ横線

ヲ畫スヘシ

二人以上ノ權利者アル片總金額ニ付各一通ノ副本ヲ求メ得ル場合ニ非レハ關係ノ各人ニ之ヲ渡スヘカラス但シ數通ノ副本ヲ渡ス片ハ一通毎ニ總金額ノ内各債主執行部分ノ金額ヲ附記スヘシ

一人ノ債主ニ其遺物相續人數人アル片ハ其相續人ハ各自ニ副本ヲ取ルヲ得サルナリ何トナレハ其義務ノ關係ハ相續人一人ノミニ止マルヘカラサレハナリ若シ數通ノ副本ヲ得ント欲スル片ハ副本ノ寫(アンプリヤシヨン)ヲ渡スヘキノミ

若シ副本ヲ渡ストキ其證書ノ全額ニ付幾部分ノミノ權利アルトキハ其部分ヲ別段之ニ附記スヘキナリ「ノテール」副本ノ求メヲ受クルト雖𪜈未タ其謝金ノ拂ヒヲ得サル間ハ第一或ハ第二ノ副本ヲ渡スヲ拒ムヿヲ得ヘシ

此條ニ記スル關係ノ者トハ證書ニ付テノ權利者ヲ指シテ云フ故ニ義務者ハ尋常ノ寫ノ外ハ求ムルヲ得サルナリ例ヘハ未タ代價ノ拂ヲ爲サヽル賣買契約書ノ副本ハ賣方ニ屬シ土地ノ貸借約定書ノ副本ハ其貸方ニ屬シ書入質ノ證書或ハ總テ金銀貸借書

ノ副本モ亦其貸方ニ屬シ又畢生間（ラントツアゼール）或ハ永世間（ウーペルペチユエル）ノ年金證書ノ副本ハ其所有者ニ屬スル如キナリ

「ノテール」副本ヲ渡シタルトキハ其末尾ニ必ス其請取人ノ姓名ヲ附記スヘシ就中二人以上ノ債主判然タル證書ノ副本ナルトキハ此附記ヲ為スコト殊ニ緊要ナリトス

名代人ヲ以テ副本ヲ求ムル者アルトキハ其委任状ヲ證書ニ綴リ置クヘキナリ

副本ヲ再ヒ渡スノ禁ハ唯第二ノ副本ニノミ限ラス第三第四以上ニモ適用スルナリ

權利者ハ執行ノ權アル證書ヲ二通以上所持スルヲ得ス若シ之ヲ二通以上所持スルニ於テハ民法第千二百八十三條ニ權利者ヨリ義務者ニ公正ノ副本ヲ渡シタルトキハ義務ヲ釋放シ且盡シタルト思料スル云々ノ定規ヲ適用スルモ其効ナキニ至ルヘシ又第千三百三十二條ニ付テモ亦同様ナルヘシ何トナレハ該條ニ依レハ義務ヲ釋放シ或ハ盡シタル旨ヲ副本ニ附記シタルトキハ義務者ノ爲メニハ權利者ニ對シ充分ノ信據ヲ爲スヘシトス

第一ノ副本ヲ取消シタルトキハ第二ノ副本ヲ以テ第

一ノモノト看做ス故ニ之ヲ渡スキハ別段裁判所ノ命ヲ得ルニ及ハストス
證書ヲ作リシ「ノテール」第一ノ副本ヲ渡シタル旨ヲ正本ニ附記スルヿヲ失漏シタルヲ其引繼人知ラスシテ第二ノ副本ヲ渡シタリ其引繼人ハ故意アルニアラサルヲ以テ其責ニ任セス因テ損害ヲ蒙リタル囑托人ハ舊「ノテール」ニ對シ其償ヲ求ムヘキナリ
若シ第二ノ副本ヲ渡スキハ其末尾ニ何年何月日ニ若干ノ金額ニ付裁判所長ノ命ニ依リ第二ノ副本ヲ渡ス者ナリト附記スヘシ又願書並ニ裁判所ノ命令

書モ謄寫シ置クヘシ

第二十七條　總テ「ノテール」ハ己レノ姓名職名住居ト佛國共和政府ノ記號トヲ刻シタル印章ヲ所持ス可シ」

證書ノ副本及ヒ寫ニハ必ス此印章ヲ捺ス

往時ハ公正ノ證書ニ印章ヲ捺シテ以テ公正ノ力及ヒ執行ノ權ヲ與フルヿナリシカ故ニ捺印ノヿハ實ニ緊要ノ事ニシテ之カ爲メ一種ノ官吏ノ設ケアリテ捺印毎ニ若干ノ印稅ヲ拂ヒタリ然ルニ千七百〇六年ニ於テ之ヲ廢セシ以來「ノテール」此印章ヲ預リ自ラ證書ニ捺印スルヿニ定メタリ現今ノ法律ニ於

テ若シ此捺印ヲ爲サヽルトキハ副本ニ付如何ナル効ヲ生スヘキヤ曰ク印章ヲ捺セストモ固ヨリ公正ノ證書ナリ何トナレハ印章ヲ以テ證書ニ公正ノ力ヲ與フルノ要具トセサレハナリ然レトモ法ニ於テ捺印ヲ命スルハ一ハ「ノテール」ノ手署ノ相違ナキヲ證シ一ハ證書ノ贋造ヲ豫防スルカ爲メナリ故ニ若シ此證書ニ押印ナキトキハ「ウィーシエー」又ハ兵官ノ者ハ其執行ニ干渉シテ其職ヲ行フヿヲ拒ムノ權又ハ義務ヲ有スヘシ併シ證書ノ効ニ至テハ毫モ異ナルヿナカルヘシ

抜抄、對校ノ寫並ニ畧式公正證書ニハ副本或ハ寫ト等シク此印章ヲ捺スヘキナリ

第二十八條　「トリビュナールダッペール」所在ノ地ニ住居スル「ノテール」ノ證書ヲ其「ノテール」ノ管轄地外ニ於テ用ヰル時及ヒ其他ノ「ノテール」ノ證書ヲ其「ノテール」住居ノ「デパルトマン」外ニ於テ用ヰル時ハ「ノテール」住居ノ地ノ「トリビュナールドプレミエルアンスタンス」或ハ其副本又ハ寫ヲ用ヰル地ノ「トリビュナールドプレミエルアンスタンス」ノ長右等ノ證書ニ認メ印ヲ押スヘシ「ノテール」ノ手署ヲ認ムルヿノ主意タルヤ眞ニ手署

ヲ慥カムルニ在テ嘗テ公正ノ力ノ有無ニ關スルニ非サルナリ

此條ニ於テ手署ヲ認ムルノ手續キヲ定ムルカ故ニ第四十九條ニ於テハ左ノ如ク手署ヲ裁判所ニ納ムルノ手續キヲ要ス

「トリビュナールダッペール」所在ノ地ノ「ノテール」ハ己レノ姓名手署ヲ其「トリビュナール」管轄内ノ各「トリビュナールドプレミエルアンスタンス」ニ納メ其他ノ「ノテール」ハ其「デパルトマン」內ノ「トリビュナールプレミエルアンスタンス」ニ之ヲ納ムヘキナリ是他ノ地方ニ

於テ證書ヲ用ヰルニ當リ必要ナルトキ「ノテール」ノ手署ヲ慥カメル爲メニ備フルナリ

若シ外國ニ於テ證書ヲ用ヰヘキトキハ裁判所長官ノ手署ヲ「ミニストルドラジュスチス」ニテ認メノ手署ヲ爲シ又之ヲ「ミニストルデ、ザ、フェル、ゼトランゼール」外務事務執政ニテ認メノ手署ヲ爲ス而シテ又之ヲ證書ヲ用ヰル地ノ駐劄公使或ハ領事ニテ認メノ手署ヲ爲ス

若又殖民地ニ於テ用ヰル證書ナルトキハ裁判所長ノ手署ヲ「ミニストルドラマリンヌ」海軍事務執政ニテ認メノ手署ヲ爲シ「アルゼル」亞弗利加ノ屬地ノ名、ニ於テ用ヰルトキハ

「ミニストルドラゲール」陸軍事務執政ニテ認メノ手署ヲ為スナリ

第二十九條　「ノテール」ハ己レノ記セシ證書ヲ總テ見出帳ニ記載スヘシ

見出帳ヲ作リ書留メヲ為スノ要ハ證書ノ見出ニ便ナラシメ囑托人ノ為ニ證書ノ現存スルヿヲ確認シ印税法及ヒ登記法ノ執行ヲ慥カメ且ツ證書認メ方ノ違則ヲ見出スニアリ

「ノテール」ハ正本ノ保存ニ付責任アリト雖𪜈求メヲ受クル片ハ囑託人或ハ其名代人又ハ登記税掛リ官

吏ニ限リ示シ又裁判所ニ出スヘシトス即チ見出帳ニ於テモ亦然リ

見出帳ハ證書ノ種類ヲ區別スルコトナク一冊ニ作リ備フヘシ又一冊ノ見出帳ヲ數年間使用スルトモ妨ケナシ又必ス印税アル紙ヲ用ヰヘシ

「ノテール」ハ正本並ニ略式證書ノ別ナク日々必ス其見出帳ニ記入スヘク若シ之ヲ遺漏スルニ於テハ一件毎ニ五「フランク」ノ罰金ニ科セラルヘシ共和政第七年「フリメール」月二十二日ノ法並ニ千八百二十四年第六月十六日ノ法又左ノ證書モ記入スヘシ

第一　「ノテール」二人ニテ作リ各預リタル二通ノ

正本

第二　對校ノ寫

第三　幼者ノ財産競賣ノ始末書但シ裁判所ノ命ニ因テ為シタル競賣ノ始末書亦同シ

第四　公正ノ遺言書

第五　封印ノ遺言書ノ預リ證書

第六　動産競賣代金ノ請取書及ヒ為替手形

第七　命令手形（ビリエタオルドル）及ヒ其裏書

第八　裁判所ヨリ命スル遺物分派ニ付テノ前調（オペラシヨンプレクミ子ール）ヘノ始末書

第九　土地ノ貸借ニ付裁判所ヨリ言渡シタル實地撿査ノ始末書

第十　要償（プロテイ）ノ證書　該證書ハ見出帳ノ外別段ノ簿冊ニモ記入スヘシトス商法第百七十六條見合

見出帳ニ記入スルニ及ハサル證書ハ生存ノ證書公債證書所有ノ證書及ヒ保證書等ノ如キ第二ノ「ノテール」或ハ二人ノ證人ノ立會ナクシテ作リシモノ又贈遺書ニ綴リタル動産ノ目錄「公正ノ證書ニ綴リアル書類ノ寫或ハ裁判所長ヨリノ言渡ニ因テ「ノテール」ニ預ケタル正本等ナリ

完備セサル證書ニシテ未タ囑託人ノ手署セサルモノハ見出帳ニ記入スヘカラス併シ已ニ囑託人ノ手署濟ミタルモノナレハ記載スルヲ良トス

「ノテール」ハ其見出帳ヲ三ケ月毎ニ居住ノ地ノ登記稅役所ニ出スヘシ即チ該役所ノ官吏ハ記入證書ノ員數ヲ調ヘタル後見出帳ニ之ヲ記シ且撿印スルナリ」

該見出帳ハ毎年一月四月七月十月ノ上院中ニ差出スヘシ之ニ背クトキハ十「フランク」ノ罰金ニ處セヲルヘシ

第三十條　見出帳ニハ「ノテール」住所ノ「トリビュナールドプレミエルアンスタンス」ノ長又ハ裁判官其毎葉ニ

番號ヲ附シ署手署ヲ爲スヘシ
又其見出帳ニハ總テ證書ノ年月日種類ト雙方ノ姓名ト登記稅役局ノ簿册ニ記入シタルヤ否ヤトヲ記載スヘシ
見出帳ノ每葉ニ番號ヲ附シ署手署ヲ爲スノ手續ヲ裁判所ニ願フハ「ノテール」未タ其見出帳ヲ使用セサル前ニ爲サヽルヘカラス
「ノテール」日々取扱フ所ノ證書ヲ見出帳中ニ記入スルニモ亦間行及ヒ空白ヲ置クヘカラス
見出帳ノ記入ハ假令登記稅役所ノ登記未タ濟マサ

ルト雖モ其證書ノ日附ト同日ニ之ヲ爲スヘシトス」共和政第七年「フリメール」月二十二日ノ法第五十條ニ依レハ各一件ニ付見出帳ニ記載スヘキ件々左ノ如シ

第一　證書ノ番號

第二　同日附

第三　證書ノ種類

第四　囑託人ノ姓名住所

第五　財產ノ名稱其摸樣及ヒ代價所有ノ權入額所得ノ權及ヒ金銀ニ管涉スルトキヲ云フナリ

第六　登記税役所ノ簿册ニ記入濟ミタルヤ否ヤノヿ

公正ノ遺言書及ヒ封印ノ遺言書ノ預リ證書ニ付見出帳ニ記入スルハ唯其日附ト遺言者ノ姓名並ニ住所ヲ以テ足レリトス

第二卷　「ノテール」役場ノ事

第一章　「ノテール」ノ員數配置及ヒ保證金ノ事

第三十一條　各「デパルトマン」内ニ「ノテール」ノ員數配置及ヒ其住所ハ政府ニ於テ之ヲ定ムル左ノ如シ

第一　住民十萬人以上ノ市街ニ於テハ六千人毎

ニ多クトモ「ノテール」一員ヲ置ク

第二　其他ノ市街或ハ村落ニ於テハ「トリビュナールドペー」ノ一管轄下毎ニ少クモ二人多ク𪜈五人ヲ置ク

千七百九十一年十月六日ノ法律第八條ニハ左ノ如ク定ム各「デパルトマン」ノ「ノテール」ノ員數及ヒ配置方ハ其州官ヨリ差出シタル取調書ニヨリ立法院ニ於テ之ヲ定ムヘシト然レ𪜈之ヲ定ムルノ權ハ主トメ行政官アリテ立法院ハ唯左ノ件々ヲ定ムルヿヲ得ルノミ

（第一）十萬以上ノ人口アル市街ノ「ノテール」ノ最多數

（第二）其他ノ地方毎「カントン」ノ「ノテール」ノ最多數及ヒ最少數則チ第一ニハ人口ヲ以テ「ノテール」ノ員數ヲ定ムルヲ基由トシ第二ノ場合ニハ「トリビュナール ドペー」ノ數ヲ以テ基由トス（裁判所ノ數ニ因ルハ其地ノ事務ノ繁簡ヲ計ルナリ）人口十萬以上ノ市街ニ付テハ立法官ニ於テ最多數ヲ定ムルノミニシテ最少數ヲ定ムルコナシ故ニ何程人口ノ繁殖スルモ政府ニ於テハ更ニ「ノテール」ヲ增置スルニ及ハスト雖ヒ「トリビュナールドペー」ヲ新設スルトキハ「ノテール」ヲモ亦增設セサルヘカラス

蓋シ立法官ニ於テハ人口ノ增殖ヲ以テ必ス「ノテール」局ヲ增設スルノ原由ト爲サヽルノ主意ナルベシ故ニ政府ハ時々ノ情狀ニ從ヒ新局ヲ設クルト設ケサルトハ隨意ナリ唯立法官ニ於テハ「ノテール」ノ實益ト人民ノ需要ト相共ニ並行セシメンヿヲ欲セリ又此時マテハ「ノテール」ノ役株所有ノ權アラス千八百十六年第四月二十八日ノ法律ニ依テ考フレハ政府ハ法ニ於テ定メアル塲合ニ更ニ「ノテール」ヲ設クルノ權ヲ行ヒ或ハ之ヲ設クルノ義務ヲ行フニ當リ役株所有ノ權ニ障碍ヲ與フルヿナク新設「ノテ

ール」ヲシテ從來ノ「ノテール」ノ蒙リタル損害ニ應シテ分配スヘキ償額ノ拂ヒヲ免カレシムルヿヲ得サルハ敢テ疑ハサル所ナリ

第三十二條　「ノテール」ノ役場ハ「ノテール」ノ死去辭職又ハ其職ヲ罷メラルヽニ非サレハ其數ヲ減セス「ノテール」局ヲ減省スルハ法ニ於テ定メタル員數ヲ越ヘタルカ若クハ特令ニ因リテ員數ヲ定メタル時ニノミアリトス故ニ欠員アル𪜈廢局スルハ右二箇ノ場合ノ一ニ出サルナリ今時ニ於テハ若シ廢局ヲ言渡ス𪜈ハ其言渡ヲ受クヘキ「ノテール」或ハ其相續

人ニ未タ相當ノ償額ヲ渡サヽル間ハ尚ホ之ヲ存スルナリ
免職ニ依リ廢局セラレタル𪜈ハ此條及ヒ千八百十六年四月二十八日ノ法律第九十一條ニ依テ見レハ償金ヲ要セサルノ理ナリト雖𪜊慣習ニ從ヒ法ニ於テモ亦默許スル所トナレリ且ツ千八百四十一年第六月二十五日ノ法律第二十條ニ依テ愈此償金ノ方法ヲ認ムルニ至レリ
○辭職トハ全ク自ラ辭シタルモノ並ニ第四條及ヒ第三十三條ノ定規ノ辭職ヲ云フ

主タル免職ハ此律第十五條ニ依テ言渡サルヽキヲ云

附加ノ免職ハ公權剝奪ニ管スル刑ノ言渡ヲ受クルキヲ云

第三十三條　「ノテール」其職務ヲ行フニハ免許ヲ要セストパタント雖ヒ政府ニ於テハ保證金ノ高ヲ定メテ之ヲ取置キ其職務ノ過失ニ因リ裁判上ノ罰金又ハ償金ノ用ニ備フ

其保證金高ノ全部又ハ一部ヲ罰金又ハ償金ノ爲メ使用シタルキハ又其原額ニ充ツル迄之レカ職ヲ中止ス

ヘシ但シ其保證金ノ全額ヲ六ケ月内ニ備ヘサルトキハ之ヲ辭職セシ者ト看做シ別ニ「ノテール」ヲ命スヘシ

共和政第七年「フリメール」月一日ニ於テ「ノテール」ノ免許税ノ法ヲ定メタリシカ後チ此律ニ依テ之ヲ廢シ更ニ保證金ノ法ヲ定メタリ又今日ニ至テハ此保證金ノ外ニ更ニ千八百五十年第五月十五日ノ法ニ從ヒ「ノテール」モ亦「アウヲーカー」「アウーウヱー」醫師ト等シク免許税ヲ拂フヿニナリタリ

保證金ニ付先取ノ特權アリ之ヲ二等ニ分ツ即チ第一ノ特權ハ「ノテール」職務上ヨリ生シタル過失ニ付

罰金ノ言渡ヲ受ケタルトキニアリ第二ノ特權ハ保證金ノ全部又ハ一部分ヲ抵當トシテ貸シタル金額ノ拂及ヒ其他尋常ノ貸金ノ拂ヲ「ノテール」ニ對シテ求ムルトキニアリ故ニ詞訟ノ生シタルトキ保證金ヲ以テ償却ヲ受クヘキ貸金ノ順序ヲ定ムル左ノ如シ

第一　職務上ヨリ生シタル貸金

第二　保證金ヲ抵當トシタル貸金

第三　通常ノ貸金

職務上ノ過失ニ因リ出ス所ノ金ニ二種アリ政府ニ罰金ヲ拂フ其一ナリ契約者ニ損害ノ償金ヲ拂フ其

ニナリ

保證金ハ法律ニ於テハ職務上ヨリ生シタル過失ノ罰金ノ爲ニ主トシテ備フルモノトストモ實際ニ於テ平常人民ニ拂フヘキ損害ノ償ヲ罰金ヲ拂フ前ニ拂ハシムルヿトス

政府ノ金庫ニ預リタル保證金ノ一部分或ハ全部ノ拂出ヲ爲シタルトキハ直チニ其長官ヨリ其「ノテール」居住ノ地ノ「コミセールデュクーウヱルヌマン」ニ其旨ヲ通知ス然ルトキハ「コミセールデュグーウヱルヌマン」ハ法ニ從ヒ相當ノ手續ヲ爲スナリ

第三十四條　保證金ノ高ハ「ノテール」在所ノ土地ト其管轄地内ノ事務ノ多少トニ因リ政府ニ於テ之ヲ定ム此保證金ヲ出スヿ又ハ政府ヨリ其利子ヲ拂フヿ及ヒ之レヲ返還スルヿハ一般保證金ノ法ニ循フ保證金ノ表ヲ見ルヘシ

保證金ノ高ハ其「ノテール」職務ヲ行ヒ始ムル前ニ確定メ之ヲ納メシムヘシトス

「ノテール」ニ命セラレタル後其地ノ人口增殖シタリト雖モ之カ爲メ保證金ノ增額ヲ出サシムヘカラス」

新ニ命セラレタル「ノテール」ハ舊「ノテール」ノ保證金

ヲ其儘据ヘ置ニシテ讓リ受クヘカラス假令舊「ノテール」ヨリ直チニ其引繼「ノテール」ニ其保證金ヲ讓渡スヿアルモ必ス通常ノ法式ヲ盡サヽルヘカラス又「ノテール」若シ同管内ニ役局ヲ移ストモ以前ノ地ノ保證金ト同一ノ金額ヲ以テ兼用スルヲ得ス必ス改テ保證金ヲ納ムヘシ故ニ成規ノ如ク一應本人ニ返附スヘキナリ

保證金ノ高ハ屢改正アリ就中共和政第十三年風月二日ノ法ニ於テハ巴里府ノ保證金ハ從前ニ倍加シ其他ノ地方ノ保證金ハ從前ノ三分ノ一ヲ增加セリ

其後ノ改正ニヨツテ現今行ハルヽ者ハ左ノ如シ
第三等「ノテール」ノ保證金ハ千八百「フランク」ヨリ
五千二百「フランク」マテ
第二等「ノテール」ノ保證金ハ三千「フランク」ヨリ一
萬二千「フランク」マテ
第一等「ノテール」ノ保證金ハ四千「フランク」ヨリ二
萬五千「フランク」マテ
巴里府ノ「ノテール」ノ保證金ハ五萬「フランク」トス
第二章　「ノテール」トナルニ必要ナル條件及ヒ「ノ
テール」ニ命セラルヽ方法

第三十五條　「ノテール」ノ職務ヲ行フニハ左ノ條件ヲ備フヘシ

第一　「シトワイヤン」ノ權ヲ享有セル事

第二　徵兵ノ規則ニ從フタル事

第三　滿二十五歲以上タル事

第四　次ノ條中ニ定ムル時間其業ノ見習ヲ爲シタル事

佛蘭西ノ「シトワイヤン」タルト「シトワイヤン」タルノ身分ヲ得ルヿ及ヒ「シトワイヤン」タル身分ヲ保有スルノ要件ハ共和政第八年ノ憲法ニ依テ定メラレ尚

ホ現今ニ於テモ行ハルヽ所ノモノナリ

凡ソ「ノテール」ノ職務タルヤ君主ノ權ヲ受クル者ナレハ該職ハ公權ヲ有シタル者ニメ公ケノ便益ニ管與スルモノナルニ付兵役等ノ義務ヲ免カレタル者ニ非レハ補任スヘカラサルヤ明カナリ故ニ往時ハ各「コンミュン」ニ公權簿ヲ備ヘ置キ「シトワイヤン」タル者ニハ公權ヲ有スルノ手券ヲ渡セシカ實際上此法甚タ行ハレ難キニ因テ手券ヲ廢シテ「ブルグメトール」ヨリ證書ヲ渡スヿニ定メ以テ「ノテール」トナラント欲スル者ヲメ愈佛蘭西「シトワイヤン」ニ相違ナキ旨

ヲ證セリ然レモ場合ニヨリテハ亦孰レノ「シトワイヤン」ナルヤヲ證スルノ證書ヲ要スルヿアルヘシ例ヘハ願ヒ人外國人ノ子ニシテ其父ノ原籍詳カナラサルキノ如キ是ナリ

「ノテール」タラント欲スル者ハ唯公權ヲ有スル旨ヲ辨解スルノミニテハ未タ足レリトスヘカラス必ラス民權ノ全部ヲ有セサルヘカラス又行權ノ禁ヲ受ケタル者或ハ輔佐人アル者或ハ權利ノ一部分ヲ剝奪サレタル者ハ「ノテール」タルヲ得サルナリ

公權及ヒ民權ヲ享有セルノ證ハ印稅紙ニ記シ假令

本人住ノ地ニ居住スルト雖モ必ス本籍ノ「ブルグメートル」ヨリ之ヲ渡スヘシトス其住願ヒ人ヨリ己レノ篤實品行ノ證書ヲ出スヿアリ此證書ハ假令本籍ノ地ト居住ノ地ト異ナルト雖モ居住ノ地ノ「ブルグメートル」ヨリ渡スヘシトス

兵役免除ノ證書ヲ要スルハ三十年未滿ノ候補者ニ限ルヘシ已ニ三十年以上ノ者ハ此證ヲ出スニ及ハス

滿二十五年ハ「トリビュナールプレミエルアンスタンス」ノ裁判官タルヲ得ルノ年齡ニシテ「ノテール」トナ

ルモ必ス滿二十五年タルヲ要ス故ニ二十五年目ノ年ニ至ルト雖モ未タ「ノテール」タルヲ得ス是レ政府ニ於テハ決シテ年齡ニ付特許ヲ爲サヽル所以ナリ」候補者年齡ヲ證スルニハ「ブルグメートル」ヨリ渡シタル出產ノ證書ノ拔抄ニ「トリビュナールドプレミエルアンスタンス」ノ長ノ撿印ヲ受ケタルモノヲ出サヽルヘカラス若シ出產ノ證書存在セサルトキハ七人ノ證人ノ陳述ニヨツテ「ジユウジドペー」ノ作リ渡シタル某ハ某地ノ某人ナルヲ證スル證書ヲ以テ證スルノ法ナリシモ今日ニ至テハ此法ヲ用井ルヿナク此

場合ニハ候補者ハ民法第八十四條ニ從ヒ裁判ヲ請ヒ以テ出產證書ヲ更ニ作ラサルヘカラス

候補者ハ出產證書ニ記シアル姓ノ外ハ稱スルヿヲ得ス但シ其證書ニ姓名ニ改正ヲ證シアル場合ハ此例ニアラス候補者嫡出ノ子ナルトキハ父ノ姓ヲ冐スルハ論ヲ俟タスト雖モ私生ノ子ナルニ於テハ父母ノ婚姻ニヨリ嫡出ノ子トナリタルカ若クハ父ヨリ我子ナリト認メタル證書ニ依テ證述スルニ非レハ父ノ姓ヲ冐スルヲ得ス若シ母親ノミニテ認メラレタル者ナルトキハ其姓ヲ冐スヲ得ルノミ

筆生ハ必ス候補者タラストモ可ナリ平日「ノテール」ノ役局ニテ唯局務ニ服スルヲ以テ足レリトス候補者タル筆生ハ「ノテール」取締局ノ筆生年限簿ニ記入セラルヘシト雖モ候補者ノ名稱ハ四等以下ノ筆生ニハ附スヘカラス

四等以下ノ筆生ハ取締局ノ許可ヲ得ルニ非レハ簿冊ニ記入セラルヽヲ得ス

筆生ノ等級ヲ定ムルハ之ヲ用井ル所ノ「ノテール」自ラ之ヲ定ムルナリ但シ一等筆生ヲ定ムルニハ取締局ニ於テ試驗ヲ受ケタル後ニ非レハ此稱ヲ與フヘ

カラス

同役場ニハ同等ノ筆生ヲ二人以上置クヲ得ス筆生ト候補者タル筆生トノ異同ハ必ス給料ヲ受ルト受サルニ管スルニ非ス孰レモ勤ムル所ハ同一ナリト雖モ唯候補者タル筆生ハ取締局ノ年限簿ニ記入セラルヽノ違ヒアリ

「ゲレフィエー」或ハ「ウイシエー」ノ如キ職ヲ行フ候補者ノ勤メシ筆生年限ハ取締局ノ年限簿ニ就テハ算セサルナリ

第三十六條　見習ノ期限ハ之ヲ滿六年トシ其期限中

間斷ナク其業ヲ爲スヘク且ツ其最終ノ二年中少クモ一年間ハ己レノ現ニ勤メント欲スル級ト同級ノ「ノテール」ノ役場ニ一等筆生ヲ勤ムルヲ必要トス但シ次ニ記スル場合ハ此限ニ非ス

本條ハ「ノテール」ノ各等ニ付筆生年限ニ管スル二箇ノ要件ヲ定ムルナリ即チ(第一ニハ)「ノテール」ノ役局ニ筆生ヲ勤ムル間斷ナク滿六ケ年タルコ(第二ニハ)第一等筆生タルハ五年目或ハ六年目ニアルコ六年間々斷ナク筆生ヲ勤ムルノ主意タルヤ「ノテールル」ノ局務ニ服シテ職務ノ概畧ト其實際ノ事務ヲ習

知スルニアルナリ然レモ若シ候補者病氣或ハ兵事ノ徵集或ハ私用又ハ家親等ノ爲メ已ヲ得サル事件ニヨリ其年限ヲ中止シタルヲ以テ法ニ於テ年限ノ間斷トスルニ於テハ實ニ立法官ノ本意ニ悖ルナランン殊ニ情意多端ニシテ方向ヲ換ヘルニモ非ス又公權民權ニ付テノ義務ヲ盡シ能ハサルニモ非サル候補者ヲシテ年限ヲ空シク失セシムルハ亦不條理ト謂フヘキナリ

第三十七條 「ノテートル」トナルヲ欲スル者若シ其要スル級ヨリ上等ノ級ニ居ル「ノテールー」ノ役場ニ三年間筆

生ヲ勤メ四年目ニ至リ其要スル級ヨリ上等ノ級又ハ同等ノ級ニ居ル「ノテール」ノ役場ニ一年間一等筆生ヲ勤メタルキハ其見習ノ年限四年ヲ以テ足レリトス

此條ハ二等或ハ三等「ノテール」ノ職ヲ勤メント欲スル候補者ニ就テ定ムルモノナリ

第三十八條　一年前ヨリ既ニ「ノテール」トナリ其職務ヲ行フ者ノ己レノ級ヨリ上等ノ級ノ役場ニ移ラント欲スルニハ總テ見習ヲ爲スニ及ハス

一年前トハ命セラレシ日ヨリ算スルニ非ス即チ裁判所ニ於テ誓ヲ爲シタル日ヨリ數フルナリ

此條ニ於テハ「ノテール」已レノ級ヨリ一等ヲ昇ル場合ニ付テノミ定ムルト雖モ三等ノ「ノテール」モ亦一等ノ「ノテール」トナルコヲ得ヘシ然レモ此場合ニ於テハ三等「ノテール」ノ職務ヲ既ニ二年間勤メシ者ナルヲ要ス但シ「ノテール」トナル前ニ一等「ノテール」ノ役局ニテ一等筆生ヲ勤メシ者ナルトキハ此限ニ非ルナリ

第三十九條　「ノテール」トナルヲ欲スル者若シ二年間民事裁判所「アロンディスマン」ノ裁判所又ハ「トリビュナールドプレミエルアンスタンス」トモ云フニ於テ「アウォーカー」或ハ「アウーウェー」ヲ勤メタルトキハ四

年間一級又ハ二級ノ「ノテール」ノ役場ニ筆生ヲ勤メ其最終ノ二年中少ナクトモ一年間己レノ要スル級ト同級ノ「ノテール」ノ役場ニ一等筆生ヲ勤メタルトキハ其級ニ等シキ「ノテール」トナルコトヲ得ベシ

候補者少ナクトモ二年間「アウヲーカー」或ハ「アウーウヱー」タリシ者ニ付特別ニ筆生年限ヲ四年トスルハ其職ヲ行ヒ己ニ多少ノ事件ニ管渉シ能ク習熟スル所アレハナリ

「アウヲーカー」或ハ「アウーウヱー」ノ職ハ少クトモ二年トシ「アウヲーカー」ニ付テハ裁判所ノ名簿ニ記入サレタ

ル日ヨリ之ヲ起算シ「アウーウェー」ニ付テハ裁判所ニ於テ誓ヲ為シタル日ヨリ之ヲ起算スルナリ民事裁判所ト記スルト雖モ此意頗ル廣ク「トリビュナール、ダッペール」及ヒ「クールドカッサション」ノ我大審院ノ如シニ付テモ亦謂フナリ

第四十條　又「ノテール」トナルヲ欲スル者己レノ勤メシ役場ノ級ヨリ上等ノ級ヲ要スルトキハ前ノ數條ニ定メタル見習期限ノ時間ノ三分一ヲ別ニ增ス可シ

第四十一條　第三級ノ「ノテール」トナルニハ三年間第一級或ハ第二級ノ「ノテール」ノ役場ニ勤メシヲ以テ足

レリトシ又ハ「トリビユナールダツペール」若クハ「トリビユナールドプレミエルアンスタンス」ニ於テ二年間「アウヲーカー」或ハ「アウーウエー」ヲ勤メ更ニ一年間「ノテール」ノ役場ニ勤メシヲ以テ足レリトス

此條ハ三等ノ「ノテール」トナルヲ容易ナラシムル爲メノ定規ナリ

第一　第三十六條ニ定メタル筆生年限ノ半減トス

第二　第一等筆生ノ稱ヲ以テ第一等或ハ二等「ノテール」ノ役場ニテ勤メシヿヲ要セス

第三　第三十九條ニ揭クル「アウヲーカー」或ハ「アウーウヱー」ノ職ヲ勤メシ時間ヲ以テ一等或ハ二等「ノテール」ノ役場ニ於テ勤メシ筆生年限ト一般ニ看做ス

第四十二條　行政ノ職務及ヒ司法ノ職務ヲ行ヒシ者ノ爲メニハ政府ニ於テ見習ノ時間ヲ要スルニ及ハサル旨ヲ許スヿアリ

候補者「トリビユナールドプレミヱールアンスタンス」ノ「コミセールデユグーウヱルヌマン」或ハ裁判官或ハ登記税役所ノ官吏等ノ職務ヲ勤メシ者ニシテ「ノテー

ル」タルニ必要ナル識力アル者ニ限リ筆生年限ノ特許ヲ受クルコトヲ得又「トリビュナールドペー」ノ「ゲレフィエー」モ此特許ヲ得タリト雖モ必ス學力ト以前從事セシ事柄「ノテール」ノ職務ヲ行フニ堪フベキコトヲ證述セサルベカラス

第四十三條　「ノテール」トナルヲ欲スル者ハ己レノ職務ヲ行フベキ地ノ管轄内ニ在ル取締局ニ至リ品行及ヒ任ニ堪フルノ保證狀ヲ求ムベシ

此保證狀ハ取締局ニ於テ其協議セシ始末書ヲ「トリビュナールドプレミエルアンスタンス」ノ「コミセールデュグ

ーウヱルヌマン」ニ送達セシ上ニ非サレハ之ヲ渡スヘカラス

此條ニ於テハ候補者ノ筆生年限ノ如何ヲ問ハス總テ其品行及ヒ任ニ堪フヘキノ證書ヲ取締局ニ求メシムルヿトス本條ニハ證書ナル語ヲ用ヰルト雖圧實際ニ於テハ取締局ヨリ直チニ其議案ノ寫ヲ「コミセールデュグーウヱルヌマン」ニ送附スルノミ若シ「コミセールデュグーウヱルヌマン」取締局ノ見込ニ不同意ナルトキハ己レノ所見ヲ添ヘ返スヘシ然ルトキハ該局ニ於テ更ニ會議ヲ爲ス如何トナレハ立法官ハ候補者

ノ從來ノ所業ヲ監視スルノ件ニ付「コミセールデュグーウェルヌマン」ヲシテ取締局ニ參助セシムルノ主意ナレハナリ然レ𪜈取締局ニ於テハ再議ノ上最前ノ見込ヲ改更スルト改更セサルトハ自由ナリトス

第四十四條　取締局ニ於テ保證狀ヲ渡スヲ許サヽルトキハ一通ノ見込書ヲ作リ其中ニ之レヲ許サヽル原由ヲ記シ以テ「トリビュナールドプレミエルアンスタンス」ノ「コミセールデュグーウェルヌマン」ニ送リ「コミセールデュグーウェルヌマン」ハ己レノ見込ヲ添ヘテ之ヲ「ガランジュウジ」卿司法ニ呈ス

取締局ハ願書ニ付評議ヲ爲シテ以テ見込ヲ定ムル者ナルカ故ニ評議ヲ爲スヿヲ拒ムヲ得ス其評議ヲ爲シテ見込ヲ定ムルハ自由ナリトス因テ保證書ヲ渡シ或ハ之ヲ渡スヲ拒ムヿヲ得ヘシ此條ニ定ムル所ハ評議ヲ爲スヲ拒ムニ非ス熟議ノ上證書ヲ渡スヲ拒ムノ塲合ナリ

品行ヲ證スルヿト職務堪任ノ資力ヲ證スルヿト同一ノ證書ニシテ渡スヿアルモ此二ツノ者ヲ混視スヘカラス故ニ取締局ニ於テハ此二件ノ内一ハ拒ミ一ハ許スヿアリ

品行ノ證書ヲ渡スヿヲ拒ムノ理由ハ概シテ其候補者ノ私ノ行狀ニアリ候補者ノ嘗テ爲セシ政治ニ管スルノ議論若クハ從前勤メタル職業ヲ以テ其理由ト爲スヘカラス

又職務耐任ノ資力ノ證書ヲ拒ムノ場合ハ本人ノ體格ノ不具或ハ智識ノ欠乏トニヨツテ「ノテール」ノ職務ニ任ヘ難キ者ト見込ムトキニ在ルナリ

第四十五條 「ノテール」ハ「プレミエルコンシュル」(大頭領)ヨリ之ヲ命シ其拜命書中ニハ其「ノテール」ノ住居スヘキ場所ヲ定ム。

第四十六條 「ノテール」ノ拜命書ハ其寫ヲ拜命者ノ住居スヘキ土地管轄ノ「トリビュナールドプレミエルアンスタンス」ニ送達ス

裁判所ニ拜命書ヲ送ルハ新任「ノテール」ノ誓ヲ爲シテ役局ヲ開設スル等總テ該裁判所ノ指揮ニ從ヘハナリ

第四十七條 「ノテール」ハ其拜命ノ日ヨリ二ケ月內ニ拜命狀ヲ渡シタル裁判所ノ訟庭ニ至リ總テ公ノ官吏ノ爲スヘキ誓詞ニ齊シク正實ニ其職務ヲ行フヘキ誓詞ヲ爲スヘシ若シ之ヲ爲サヽルトキハ拜命ノ効ナシト

ス

拜命者ハ拜命狀ノ正本ト保證金ヲ納メタル受取書トヲ携ヘ行クニ非サレハ右ノ誓詞ヲ爲スヲ許サス裁判所ニ於テハ其誓詞ヲ爲シタル始末書ヲ記シ拜命者ハ其始末書ヲ携ヘ己レノ住居セント欲スルノ地ノ「ミユニシパリテー」邑廳ノ書記局及ヒ己レノ職務ヲ行フ土地管轄ノ諸裁判所ノ書記局ニ至リ之ヲ登記セシムヘシ

第四十八條　拜命者ハ誓詞ヲ爲シタル日ヨリ始メテ其職務ヲ行フノ權アリ

「ノテール」ノ職務ノ久シク闕欠シ或ハ停止スルハ人民ノ便益ニ管スルカ故ニ此不便ヲ避ケン爲メ法律ニ於テ誓ヲ爲スノ期限ヲ定ム然レモ未タ誓ヲ爲サヽレハ一切職務ヲ行フヿヲ得サルモノトス

第四十九條　「ノテール」ハ其職務ヲ行フ前ニ先ツ其「デパルトマン」内ニ在ル各「トリビュナールドプレミエルアンスタンス」ノ書記局ニ至リ又其住所ノ「ミュニシパリテー」ノ書記局ニ至リ己レノ姓名ノ手署ト畧手署トヲ届ケ置クヘシ

「トリビュナールダツペール」管轄内ニ在ル總テノ「トリビュ

ナールドプレミエルアンスタンス」ノ書記局ニ同上ノ届ケヲ爲スヘシ

此條ハ第二十八條ノ定規ヨリ生スル者ナリ管轄外或ハ「デパルトマン」外ニ用井ル證書ハ必ス手署ノ驗眞ヲ爲サヽルヘカラス故ニ「ノテール」ハ第二十八條ノ定メニ從ヒ其手署及ヒ畧手署ヲ其「デパルトマン」或ハ「トリビュナールダッペール」管轄ノ諸裁判所ニ納メ置クヘキナリ因テ「ノテール」タル者平日作ル所ノ諸證書ニハ豫テ諸裁判所ニ納メタル手署ト同體ニ手署ヲ爲スヘキ者トス

第三章　取締局ノ事

第五十條　取締局ハ「ノテール」ノ職務取締ノ為メ之ヲ設ケ其規則ハ政府ノ布達（レーグルマン）ヲ以テ之ヲ定ムヘシ
「ノテール」ハ裁判所附屬吏ト等シク二種ノ罰則ニ從フヘシトス一ハ拔撰シタル「ノテール」ヲ以テ組成セル取締局ニ於テ行フモノ之ヲ内罰則（ディシップリンアンテルヌ）トシ一ハ其執行ヲ「トリビュナールドプレミエルアンスタンス」ニ委任セラレタルモノ之ヲ外罰則（ディシプリンヱキステルヌ）ト云内罰則ハ千八百四十三年第一月四日ノ「ノテール」ニ管スル法第十四條又外罰則ハ同法第十五條及ヒ第十六條ニ就テ見

ルヘシ

第五十一條 「ノテール」ノ行ヒシ職務ノ時間及ヒ謝金ハ「ノテール」ト契約ヲ爲ス者トノ協議ヲ以テ之ヲ定ム若シ協議ヲ以テ定メ難キ件ハ取締局ニ申出テ取締局會議ノ見込書ヲ以テ「トリビュナルードプレミヱルアンスタンス」ニ出シ決ヲ受クヘシ但シ此場合ニ於テハ費用ヲ出スニ及ハス（民事訴訟ノ費用表ノ第百七十三條見合）

「ノテール」ハ證書ノ謝金ヲ求ムル前先ツ囑托人ノ爲ニ立替タル金額ヲ請求スルノ權ヲ有スヘシ何トナレハ立替金ヲ爲スハ「ノテール」ノ義務ニアラサレハ

ナリ又登記稅並ニ印紙稅ニ付テハ「ノテール」固ヨリ前金ニテ拂ハシムヘキノ理ナリト雖モ慣習ニテ實際上多クハ自ラ立替ヲ爲スヲ常トス

「ノテール」囑托人ノ爲ニ立替金ヲ爲ス件々ハ左ノ如シ

印紙稅、證書登記稅、手署ノ認印ヲ請フニ付テノ費用、書入質登記ノ費用、尋常ノ廣告及ヒ裁判所新聞ニ記入ノ廣告費、證書類ヲ裁判所ノ書記局或ハ「ノテール」又ハ「アウーウヱー」取締局ニ納メ或ハ預クルノ費用、書類屆達又ハ往復ノ費用等ナリ

右ノ立替金ハ簡略ナル仕譯書ニヨツテ辨償ヲ求ムヘシ

第七年「フリメール」月二十二日ノ法ニ依レハ「ノテール」ハ「ジユウジトペール」ヨリ渡シタル言渡書ヲ以テ印紙税並ニ登記税ノ立替金償却ヲ執行スルヿヲ得ヘシトス

訴訟法第八百五十一條ニ依レハ「ノテール」ハ證書ノ諸入用ノ拂ヲ得サル間ハ其寫ヲ渡スヿヲ拒ムヲ得ヘシトス故ニ寫ヲ渡シタルキハ法律ニ於テハ證書ニ付テノ費用ハ一切拂ヒ濟ミタル者ト推定スルナ

リ

證書ノ謝金ハ「ノテール」其職務ヲ行ヒシ勞ニ酬ヘルモノナリ

「ノテール」相互ノ間結社スルヲ禁シ就中利益ヲ共通スル爲メ「ノテール」ニ非ル他職ノ者ト結社スルヲ禁スルナリ

「ノテール」二人ニテ證書ヲ作リタルキハ其謝金ヲ折半シ一人ニテ作リシキノ謝金ヨリ過分ニ受ルヲ得ス然レ𪜈當日ノ入用及ヒ路費ハ別段ニ受クルコヲ得ヘシ

謝金ハ作リ終リシ證書ニ付テノミ之ヲ受クルニ非ス證書トナラストモ草案ノ儘ニナリシモノニ付テモ謝金ヲ受クヘシ又「ノテール」ノ過失ヨリ生シタルニ非レハ完備セサル證書認メタル片ヲ云フ囑托人ノ錯誤ニ因テト雖モ謝金ヲ受クルヿヲ得ヘシ

又囑托人舊證書ノ見出ヲ求ムル片確然日附ヲ指シ來ラスシテ久シク之カ爲メ捜索ノ時間ヲ費シタル片ハ謝金ヲ受クヘシト雖モ正本ノ預リ賃ハ決シテ受クヘカラサル者トス又證書ヲ見出帳ニ記入スルヿ或ハ副本「寫」畧式證書ノ捺印ニ付謝金ヲ受クヘカ

ラス又公私ヲ問ハス金錢ヲ預ルヿニ付テモ亦同シ又證書ヲ作ルニ付人民ノ相談ヲ受ルノ謝金モ亦取ルヘカラス但シ職務外ノヿニ付相談ヲ受ケ時間ヲ費ストキハ謝金ヲ受クヘシ

通常ノ謝金ノ外職務外ノ事件ヲ囑托サレシトキノ酬勞トシテ謝金ヲ受ルヿヲ得ヘシ例ヘハ書入質登記或ハ其書替或ハ其塗抹等ノ如キ往々囑托人ヨリ依賴ヲ受ケ名代人トナル場合ナリ

職務上ニ於テ受クヘキ謝金ヲ二種ニ分ツ一ハ民事費用表ニ揭ケタル謝金ト云ヒ一ハ民事費用表ニ揭

ケサル謝金ト云フ民事費用表ニ掲ケタル謝金ヲ左ノ如ク區別ス

定謝金

高割謝金

時間（ワカシヨン）ノ謝金

路費

寫ノ稅

定謝金

第一　政府或ハ諸官署ヨリ入額ヲ得ル者又ハ賜金ヲ受クル者ノ生存ノ證書ニ付テハ紙料ノ外

百「フランク」以下ノ證書ナレハ謝金五十「サンチム」百一「フランク」以上三百「フランク」マテハ七十五「サンチム」三百一「フランク」以上六百「フランク」マテハ一「フランク」六百一「フランク」以上ハ二「フランク」トシ又褒賞及ヒ退隱料等ニ付テノ證書ハ六百一「フランク」以上ハ一「フランク」トシ三百一「フランク」ヨリ六百「フランク」マテハ五十「サンチム」百一「フランク」ヨリ三百「フランク」マテハ三十五「サンチム」五十一「フランク」ヨリ百「フランク」マテハ二十五「サンチム」五十「フランク」以下ハ無

費ニテ作リ渡スヘシトス

第二　要償ノ證書ハ巴里府ハ二。「フランク」ノ謝金トシ其他ノ地ハ一。「フランク」五十。「サンチム」ノ謝金トス又義務者ノ姓名住所知レサル片其探索ノ始末書ニ付テハ巴里府ハ五。「フランク」ノ謝金トシ其他ノ地ハ四。「フランク」トス（以上千八百七年ノ費用表第五十六條見合）

第三　裁判所ヨリ命シタル不動産競賣ノ箇條書ノ寫ニシテ副本ト等シク大書シタル者ハ半枚ニ付二十五行十二字詰ニシテ一枚ニ付巴里府

ハ二「フランク」トシ其他ノ地ハ一「フランク」五十「サンチム」トス但シ尋常ノ公正ノ副本ニ非ス證書ヲ以テ副本ノ如ク認メタルモノナリ（此ケ條書ノ寫ハ副本ノ如ク大字ニテ書シ執行ノ書式ナシ）

高割謝金

不動産ノ競賣ニ付テハ賣上ケ高ニ付左ノ割合ニテ謝金ヲ受ルナリ

賣上高
- 一萬「フランク」マテハ　百分ノ一
- 一萬「フランク」ヨリ五萬「フランク」マテハ二百分ノ一
- 五萬「フランク」ヨリ十萬「フランク」マテハ四百分ノ一

八百分ノ一
十萬「フランク」以上ハ

競賣ニ付書類ヲ作ル一切ノ入費ハ此謝金ノ内ニテ辨スヘシトス但前項寫ノ謝金ハ此外トス

時間ノ謝金（ヷカシヨン）

此語意ハ一事務ノ時間ヲ云ヒ又其事務ニ付「ノテール」ノ受クヘキ謝金ヲ云フ

前數項ニ記スル所ノ證書ノ外ハ悉ク時間ノ謝金ヲ受クルコトス

一事務ノ時間ヲ三時間トシ一日ニ三事務ノ時間九時間ヨリ多カルヘカラス但シ端時間ニシテ三時

間ニ充タサルモ亦一事務ノ時間トシテ之ヲ算ス」事務ノ時間中ニハ「ノテール」ノ往返ノ時間ハ算入スヘカラス但シ路程距遠ナラサルトキハ此限ニ非ストス

路費

路費ハ「ノテール」證書ヲ作ル時間ノ謝金ノ外ニ受クルモノニシテ千八百七年布告ノ費用表第百七十條ニ於テ左ノ如ク定ム

「ノテール」若シ其居住ノ地ヨリ路程一「ミリヤメートル」余ノ地ニ往クトキハ別ニ旅費並ニ食料トシテ

其時間ノ謝金ノ五分ノ一ヲ受クヘシ歸程旅費モ亦之ニ準ス而シテ一日ノ旅費ハ往復五「ミリヤメートル」ノ割合ニシテ四事務ノ時間ノ謝金ヲ受クヘシ

此條ノ意頗ル不明ナリ蓋シ其意タルヤ一「ミリヤメートル」余ノ地ニ往クトキ其時間ノ謝金ノ五分ノ一トスルハ一日ノ旅費トシテ定メタル四事務ノ時間ノ謝金ノ割合ニヨツテ算スヘクシテ其證書ヲ作リシ時間ノ謝金ノ割合ニヨツテ算スルニ非ルヘシ然レ𪜈一「ミリヤメートル」以上五「ミリヤメ

ートル」以下ノ距離ニ付テ論スル𪜈ハ此義解モ亦宜ヲ得タル者ト爲スヘカラサルカ如シ如何トナレハ其旅費路程ノ割合ニヨリ減スルヲ以テ三事務ノ時間ノ謝金ヨリ少ナケレハナリ故ニ「ノテール」其役局ニ在テ職務ヲ行フヨリハ他ニ出行スル𪜈ハ却テ謝金少ナキノ理ナリ因テ此煩雜ヲ避ケン爲メ旅行ノ時間ト職務ノ時間ト合算シテ其五分ノ一ノ謝金ヲ算スルヿ必要ナルヘシ而シテ旅行ハ一時間ニ半「ミリヤメートル」ノ割合ヲ以テ算スルヲ得ヘシ

寫ノ稅

是レ「ノテール」囑託人ノ求メニ應シ作リ渡ス寫ノ手數料ナリ副本、拔抄、對校ノ寫ノ謝金モ亦之ニ準ス

總テ公正證書ノ寫ハ半枚二十五行十五字詰ニシテ一枚ニ付巴里府、里昴府、「ボルドウ」「ルウアン」ハ三「フランク」「トリビユナールダツペール」所在ノ地ハ二「フランク」七十「サンチム」「トリビユナールドプレミエルアンスタンス」所在ノ地ハ二「フランク」其他ハ一「フランク」五十「サンチム」トス

一枚未滿ノ文ニ付テハ巴里府ハ初葉マテハ一枚分ノ謝金トシ其以下ハ記載ノ文ノ長短ニ應シ謝金ヲ受ク又千八百三十五年第十月十日ノ達ニ依レハ「アロンディスマン」ニ於テハ一枚未滿ノ文ハ總テ一枚分ノ謝金ヲ受クヘシトス

民事費用表ニ掲ケサル謝金ハ證書ヲ記スルノ謝金ニシテ別段法ニ於テ定メナキモノナリ

然レトモ相對示談ニテ謝金ヲ受クヘキ事件ナリト雖トモ路費並ニ寫ノ謝金ハ民事費用表ノ定メニ從フヘシトス

慣習上ニ於テ證書ヲ左ノ二類ニ分ツ
第一　高割ノ謝金ヲ受クヘキモノ
第二　定謝金ヲ受クヘキモノ
左ノ證書ハ高割ノ謝金ヲ受クヘキ者
賣買、交換、婚姻ノ契約、贈遺、財產分派、書入質、公債證書讓渡、獸畜ノ貸借、土地ノ貸借、金銀貸借、有資會社(ソシエテーアペツクミーズドフオン)、請取等
左ノ證書ハ定謝金ヲ受クヘキモノ
無資會社(ソシエテーサンミーズドフオン)、委任狀、其他ノ簡畧ナル證書及ヒ別段定式ナキ契約書

自筆ノ遺言書ノ預リ證書ニ付テハ高割ノ謝金ヲ受クヘキ者トスルヤ曰ク假令諸裁判所ニ於テハ非ナリト裁判スルモ高割ノ謝金ヲ受クルヲ至當ナリトスヘシ

此件ニ付テハ「ノテール」遺言證書ニ付テ至重ノ責任ヲ有スルヲ論スル場合ヲ待ツテ解クヘシ

「ノテール」ハ謝金及ヒ立替金ノ拂ヒヲ法律或ハ慣習ニ於テ囑托人ノ内ニ命スル所ノ者ニ對シテ之ヲ求ムヘシ若シ之ヲ拒ミタルキハ「ノテール」ハ假令法律ニテ拂方ヲ定ムルカ若クハ殊更ニ證書中ニ賣方ニ

テ入費ヲ拂フ等ノ如キ文アルト雖モ總テノ契約者ニ對シ連帶ノ訴訟ヲ爲スノ權ヲ有スヘシ（民法第千五百九十三條見合）

若シ數人ノ囑托人各關係不同ナルトキハ其關係ノ部分ノ割合ニヨッテ謝金並ニ立替金ヲ拂ハシムト雖モ亦「ノテール」ノ有スル連帶訴訟ノ權ハ變ルヿナシ」

連帶ノ義務ハ其證書ヲ作ルトキニ立會ヒシ者ニ付テノミ生スルモノトス

契約ニ直接ノ關係ナキ者ハ若シ出席セサルトキハ連帶ノ義務ヲ免カルヘシ

遺物相續ノ定算ヲ囑託サレシ「ノテール」ハ其相續人數人ニ對シ遞帶ノ訴訟ヲ爲スノ權アリトス

第五十二條　總テ職務ヲ中止セラレ或ハ其職ヲ免セラレ或ハ其職ヲ辭セシ「ノテール」ハ其中止、免職、辭職ノ言渡ヲ受ケシ日ヨリ其職務ヲ行フヲ禁ス若シ此禁ヲ犯スキハ償金ト免職、又ハ職務中止ノ言渡ヲ受ケタル一般ノ官吏其職務ヲ行ヒシキ受クヘキ刑ト同一ノ刑ヲ言渡サルヘシ

職務ヲ中止セラレシ「ノテール」ノ其中止期限ノ末タ終ラサル前ニ再ヒ其職務ヲ行ヒシ時モ亦同條ノ罰ヲ受

クヘシ

此法ノ第四條第三十三條第六十六條及ヒ千八百三十年第八月三十一日ノ法ニ於テ定メタル免職及ヒ自ラ辭シ或ハ説諭ヲ受ケタル辭職及ヒ辭職セシト看做サルヽ事ハ刑事上ノ性質ヲ帶ヒルニ非ス全ク行政上ノモノナリトス

右三箇ノ罷職ノ外辭職ニヨツテ其局ヲ廢サレシマヽ引繼「ノテール」ヲ置カレサルヿアリ此場合ニ於テハ辭職ノ聞屆書又ハ辭職セシモノト看做スノ言渡書ニ其局ノ廢止セラレタル旨ヲ附記スルナリ

停職ニ處セラレシ「ノテール」ハ其職務ニ關スルノ事件ハ一切取扱フヲ得ス又總會議或ハ取締局ノ議員ナルキハ其會議ニ出席スルヲ得ス
又刑法第百九十七條ニ依テ六ケ月ヨリ少カラス二年ヨリ多カラサル禁錮ニ處シ且百「フランク」ヨリ五百「フランク」マテノ罰金ヲ科シ而シテ五年ヨリ少カラス十年ヨリ多カラサル時間公ケノ職務ヲ勤ムルコヲ禁ス但シ罰ノ言渡ヲ受ケタル日ヨリ之ヲ算スルナリ

第五十三條　「ノテール」ノ職務ヲ中止シ又ハ其職ヲ免

シ及ヒ罰金償金ノ言渡ハ關係者ノ訴ヘ或ハ「コミセールデュグーウヱルヌマン」ノ求メニ因リ「ノテール」住居ノ「トリビュナールドプレミヱルアンスタンス」ニ於テ之ヲ爲スヘシ

右等ノ言渡ニ付キ「ノテール」ノ控訴ヲ許スト雖モ罰金及ヒ償金ノ言渡ヲ除クノ外ハ假リニ之ヲ執行スヘキモノトス

第五十條ノ說解ニ述ヘタル內罰則及ヒ外罰則ノ二種ノ內此條ハ則チ外罰則ニ付テ定ムルモノナリ

每「アロンディスマン」ノ「ノテール」ノ罰則ハ各其民事裁

判所ニ依テ執行セラル然レハ「ノテール」取締局モ亦裁判所ニ依テ執行セラルヘキ者ナルヤ曰ク否ラス固ヨリ此條ニ定メタル罰則ヲ以テ「ペルソンヌモラル」ニハ適用スヘキニ非ス殊ニ取締局ニ對シテ免職或ハ停職ノ言渡ヲ爲シ得ヘカラサルヿナルハ敢テ疑ハサル所ナリ

又孰レノ法律ニ於テモ裁判所ニ於テ戒諭譴責等ノ罰ヲ取締局ニ對シ爲スノ定規ハ嘗テアラサルナリ」

「ノテール」ハ其拜命前ノ所行ニ付テハ其取締ノ罰則ニヨツテ訴ヲ受クルヿアラスト雖モ例ヘハ己レノ

讓リ受ケシ役株ノ價額ヲ秘スル等ノ如キ其拜命ニ管シタル所行ニ付テハ訴ヲ受クルヿアルヘシ裁判所ヨリ言渡ヲ爲ス免職停職及ヒ罰金ノ三ツノ內罰金ハ唯民事上ノ償ナルノミト論スルノ「ノテール」往々アリト雖𪜈我輩ハ之ヲ以テ眞ノ取締上ノ罰ト看做シ損害ノ償ニ至テハ全ク民事ノ償ト看做スナリ

外罰則ニ付テノ裁判所ノ權限ハ必ス其管轄內ノ「ノテール」ニ及ス例ヘ「ノテール」ノ違犯セシ地ハ孰レノ地ナリト雖𪜈必ス居住ノ「アロンディスマン」ノ裁判所

ニ送附スヘシトス故ニ「ノテール」ハ別事ニ付テ訴ヘラレタル他ノ「アロンディスマン」ノ裁判所ニトリビュナールダツペール」重罪裁判所及ヒ輕罪裁判所ニ於テ免職停職ヲ附加ノ刑トシテ言渡サルヽヲ得ス

犯罪ノ事件ト雖モ契約者ハ直チニ「ノテール」ニ呼出狀ヲ送達スルヲ得ヘシ然レモ此場合ニ於テハ契約者ハ唯民事上ニ付テノミ請求スルヿヲ得其罰ヲ擬スルノ件ニ付テハ「コミセールデュグーウェルヌマン」原告人トナリテ之ヲ訴フルナリ但シ「コミセールデュグーウェルヌマン」主トシテ訴ヲ爲スハ全ク其違犯ノ公

安ニ管スル場合ニ限ルナリ即チ免職停職及ヒ取締上ノ罰則中ノ罰金ニ當ル違犯ノ𪜈ナリ若シ登記税又ハ印税ニ管スル𪜈ノ罰金ニ付テハ禁錮ノ方法ニヨッテ之ヲ拂ハシムルコトス

控訴ハ其管轄ノ「トリビュナールダッペール」ノ民事局ニ爲ス

取締上ノ詞訟ニ關係アル者ハ皆控訴スルノ權ヲ有ス而シテ「コミセールデュグーウェルヌマン」被告タル「ノテール」及ヒ民事ノ原告人モ亦此權ヲ有スルナリ

控訴ノ期限及ヒ其他ノ手續ハ尋常控訴ト同一ナリ」

此條ノ定規ニヨツテ免職ヲ言渡シタルキハ直ナニ名代ノ「ノテール」ヲ置カルヽモノト誤認スヘカラス若シ眞ニ名代人ヲ置クニ於テハ確定ノ執行ト爲レﾓ唯其執務ヲ止ムルノミニシテ當分ノ停職ト同一ノ形狀ヲ爲スナリ

控訴セシキハ罰金及ヒ償金其他入費辨償ノ言渡ハ其執行ヲ中止スルナリ

第四章　證書ノ正本ヲ保存スル事之ヲ他人ニ引渡ス事及ヒ其正本ノ表ヲ作ル事舊「ノテール」ノ相續人ニ謝金ノ割合ヲ贈ル事

第五十四條　免職辭職或ハ役場ヲ廢セラレシ「ノテール」ノ所持スル證書ノ正本及ヒ見出帳ハ本人或ハ其相續人之ヲ同「コンミュン」ニ住居スル「ノテール」ニ渡スヲ得ヘシ但シ同「コンミュン」中ニ別ニ「ノテール」ナキトキハ之ヲ同「カントン」內ノ「ノテール」ニ渡スヲ得ヘシ

「ノテール」ハ正本ノ所有者ニアラス正本ハ囑托人ノ所有物ナリ「ノテール」ハ唯之ヲ預リテ所持スルノミ之ヲ所持スルヲ以テ法ニ於テ正本ノ寫ヲ作リ渡シテ謝金ヲ受ケシム是レ正本ニ付一種ノ入額所得ノ權ヲ與フルナリ此意タルヤ元來一ハ正本ノ引渡ニ

付公益上其保存ノ憶カニシテ且其見出ノ便用ナランコヲ欲シ一ハ正本ノ寫ノ代料トシテ若干ノ酬金ヲ受タル「ノテール」ノ禆益ト保存ノ効相並行センコヲ要スルナリ右ノ主意ナルヲ以テ引渡ヲ爲スノ約定ヲ爲シ且「コミセールデュグーウヱルヌマン」ノ監督ヲ受ケ正本ノ眞預リ人ヲ指定スルノ權ヲ本人或ハ其相續人ニ與ヘタルナリ

見出帳ハ其正本ト共ニ備ヘ置クヘキモノトス否ラサルトキハ其見出ヲ爲スノ方法ナカルヘシ

免職ノ「ノテール」ハ其正本ヲ他ノ「ノテール」ニ讓渡ス

コヲ得ヘキヤ曰ク「アルゼル」ノ「トリビュナールダツペール」及ヒ「ラルヂヤンチエール」ノ裁判所ニ於テハ免職ノ「ノテール」ハ此權ヲ失フタル者ナリト裁判セリ然ルニ里昂ノ裁判所及ヒ「トリビュナールダツペール」ニ於テハ此審判ノ趣旨ヲ駁擊シ此權ヲ有スル者ト裁決セリ殊ニ千八百十六年第四月二十八日ノ法律ニ於テ引繼人ヲ指定スル權ハ失フト雖𪜈正本讓渡ヲ爲スノ權ハ依然トシテ存スルモノト定メタリ凡ソ「ノテール」ハ己レノ引繼人ノ職務ヲ始メタル後ニ非レハ其預リシ所ノ正本ヲ手放スヘカラサルモ

ノトス然レモ亦此規則ニ付數箇ノ格別ノ場合アリ」

第一　辭職ノ如何ヲ問ハス聞届ヲ得タルトキハ「ノテール」其聞届書ノ送致ヲ受ケタル日ヨリ直チニ執務ヲ止メサルヘカラサルカ故ニ其時ヨリ引繼「ノテール」ノ役局ヲ開設スルヲ待タスシテ其所持スル所ノ正本ヲ他ノ「ノテール」ニ引渡スノ手續ヲ爲サヽルヘカラス

第二　右辭職ノ聞届ヲ得テヨリ直チニ引渡ヲ爲サヽルトキハ第六十一條ニ從ヒ假預ケノ手續ヲ爲サヽルヘカラス

第三　第三十一條（第四條ノ誤ナラン乎）及ヒ第三十三條ノ場合ノ辭職シタル者ト看做ストキモ前段ノ辭職ノ場合ト等シク其「ノテール」ハ引繼人ノ執務ヲ始ムルヲ待タス其正本ヲ他ノ「ノテール」ニ引渡スヘシトス若シ之ヲ渡スノ手續ヲ爲サヽルトキハ第六十一條ニ從ヒ正本ヲ封印シテ假預ケヲ爲スナリ併シ此手續ハ就中免職ノ場合ニ於テ行フモノトス

第四　凡ソ免職ノ「ノテール」ハ已ニ其正本ヲ保存スルヲ得サルモノトス何トナレハ此場合ニ於

テ正本ヲ預リ保ツハ己ニ行フヲ得サル職務ノ一部分ナレハナリ故ニ免職ノ言渡ノ愈確定セシ時ヨリ直チニ正本ヲ引渡スコトス

第五　免職ノ言渡確定ニ至ル迄（上告ニ付テ假執行中ヲ云フ）職務中止ノ形狀トナスコアリ此場合ニ於テハ該「ノテール」ハ其言渡ノ送達ヲ得タルヨリ直チニ其正本ヲ假リニ手放スヘキナリ然ルトキハ裁判所ノ長官他ノ「ノテール」ニ命シテ其正本ヲ預カラシム

尋常ノ停職ノ場合ニ於テハ其「ノテール」ハ正本ヲ他

人ニ引渡スコトナシ但シ停職ノ期限内ニ寫等ヲ作リ渡スコトヲ要スルニ付裁判所ヨリ他ノ「ノテール」ニ預ケシムルトキハ此限ニ非ルナリ若シ説諭ヲ受ケタル辭職ニ依テ廢局ニ臻ルトキハ其令ノ出ルヲ待タスシテ前段ニ述フル如ク其正本ヲ引渡スヘシトス

若シ自ラ爲シタル辭職ニ付テハ廢局ノ令ノ通知ヲ得タル後ニ非レハ正本ノ引渡ヲ爲スニ及ハス

死去ニヨツテ廢局トナリタルトキハ其「ノテール」ノ相續人ハ直ナニ他「ノテール」ト正本引渡ニ付テノ約定ヲ爲シタル後確定ノ引渡ヲ爲スヘシ

正本ハ第五十九條ノ定規ニ從ヒ若干ノ謝金ヲ示談約定シ引渡ヲ爲スヘシ但シ本人職務ヲ行フヿヲ止メタル後ニ非レハ正本ヲ引渡スヲ得スト雖ドモ其約定ノミハ豫カシメ爲シ置クヲ得ヘキナリ（第五十九條及ヒ其解說見合）又「ノテール」ノ相續人ハ正本引渡ノ約定ヲ豫シメ爲シ置クヲ得ルノミナラス其「ノテール」ノ死去ノ後直チニ之ヲ引渡シテ以テ假預ケノ手續ニ至ラサラシムルヿヲ得ヘシ是正本ノ保存ハ「ノテール」ノ職務ノ一部分ニシテ相續人ノ爲スヲ得サル所ナレハナリ

凡ソ「ノテール」ハ其相續人ヨリ爲シタル正本引渡ハ確定ノモノトス

若シ「ノテール」辭職ノ聞届ヲ得サル前又ハ引繼「ノテール」未タ誓ヲ爲サヽル前ニ其職務ヲ罷メ且ツ其居住ノ地ヲ去ルニ於テハ正本ノ保存ニ付第六十一條ニ從ヒ手續ヲ爲サヽルヘカラス

第五十五條　免職辭職ニ因テノ引渡ヲ前條ニ循ヒ爲サヽルトキハ引繼「ノテール」ニ其誓ヲ爲シタル日ヨリ一月内ニ引渡ヲ爲スヘシ

法ニ於テ「ノテール」並ニ相續人ニ許スニ正本ヲ引渡

スヘキ「ノテール」ヲ撰ムノ權ヲ以テシテヲ成ル可ク之ヲ急速ニ撰定スルヲ欲スルナリ而シテ公益上正本ノ所在永ク確定セサルコナキヲ要シ之カ爲メ一ケ月ノ期限ヲ與フ故ニ滿期ノ後ハ正本全ク引繼「ノテール」ニ屬スヘシ

右一ケ月ノ期限ハ誓詞ヲ爲シタル日ヨリ算スルニ非ス其誓ヲ爲シタル旨ヲ「ノテール」或ハ其相續人ニ通知シタル日ヨリ之ヲ算スヘシ但シ抗拒スヘカラサル災害ノ場合ニ於テハ其情實確明セル上ハ裁判所ニ於テ延期ヲ許スコヲ得ヘキナリ

第五十六條　「ノテール」ノ役場ヲ廢シタルニヨツテノ引渡ハ本人或ハ其相續人役場ヲ廢セラレシ日ヨリ二月間ニ第五十四條ニ循ヒ全「コンミュン」又全「カントン」ノ「ノテール」ニナスヘシ

第五十七條　「トリビュナールドプレミエルアンスタンス」所屬ノ「コミセールデュグーウヱルヌマン」ハ前數條ニ記シタル引渡ヲ爲シタルヤ否ヤヲ監督スヘク且ツ「コミセールデュグーウヱルヌマン」ハ其役場ヲ廢セラレシ「ノテール」又ハ其相續人ノ定期內ニ引渡スヘキ「ノテール」ヲ擇ハサル𪜈ハ之ヲ引渡スヘキ「ノテール」ヲ擇ムヘシ

第五十五條及ヒ第五十六條ノ規則ヲ怠リシ「ノテール」又ハ相續人ハ「コミセールデュグーウェルヌマン」ノ其引渡ヲ催促セシ日ヨリ其怠リ一ケ月毎ニ百「フランク」ノ罰金ヲ言渡サルヘシ

已ニ我輩ノ說明セシ如ク正本ハ役局ニ預リアリテ一己ノ私有物ニアラス故ニ其保存ニ付テハ「コミセールデュグーウェルヌマン」ノ監督ト裁判所ノ職權トニ附托セラル即「コミセールデュグーウェルヌマン」ハ定規ノ嚴正ニ行ハルヽヤヲ監督シ若シ定規ヲ守ラサル「ノテール」アルトキハ之ニ對シ求刑シ裁判所ハ其事實

ヲ吟味シテ罰スヘキキハ罰ノ言渡ヲ爲ス

「ノテール」ノ代理ヲ置クヘキ塲合ニ於テ本人或ハ其相續人正本ヲ預カル「ノテール」ヲ指定セサルニ於テハ即チ法律ニ於テ之ヲ指定シ其正本ハ必ス引繼「ノテール」ニ引渡スフヲ要スルナリ然ルニ之ニ反シ若シ廢局トナリシキハ法ニ於テ「コミセールデュグーウェルヌマン」其職權ヲ以テ之ヲ指定スルニ任ス

此條ニ定ムル正本預リ人ヲ指定スルフト第六十一條ニ於テ裁判所ノ長官ニ委任シタル指定トヲ混同スヘカラス即チ此條ニハ正本ノ眞預リ人ニ付定メ

第六十一條ニハ假預ケヲ爲スヿニ付定ムル者ナリ」「コミセールデュグーウヱルヌマン」ヨリ預リ人ノ指定ヲ爲シタルキハ必ス本人或ハ其相續人ニ其旨ヲ通知スヘシ本人或ハ其相續人ハ此通知ヲ得ルマテハ自ラ正本ヲ他ノ「ノテール」ニ引渡スノ權ヲ有ス

第五十八條　何レノ場合ニ於テモ新タニ證書ノ正本ヲ引繼シ「ノテール」ハ其正本ノ目錄二通ヲ作リ目錄ノ證書ヲ己ニ預リタルヿヲ記シ其一通ハ取締局ニ送付スヘシ

署記目錄ハ各事務ニ付テノ證書ノ數ヲ記載シタル

簡單ナル始末書ナリ但シ正本ニヨリ別段說解等ヲ附シ置クヘキトキハ格別ナリトス

目錄ヲ記スルハ甚タ難キ事ニ非ス如何トナレハ孰レノ役局ト雖モ見出帳ノ備アラサルハナキヲ以テナリ

若シ引渡スヘキ總テノ正本數人ノ「ノテール」ノ作リシ者ナルトキハ各〻ノ「テール」ノ作リシ部ヲ分チ一ト纏メニ爲スナリ

目錄ニハ各〻ノ「テール」ノ姓名、住所ノ地、奉職ノ時間及ヒ見出帳ニ記入シアル證書ノ欠數ヲ誌シ又其目錄ト見出帳トニハ正本ノ現數竝ニ欠本ノ數トヲ改メ記述シ置クヘシ又全時ニ目錄ノ毎葉ニハ番號ヲ附シ畧手署ヲ為シ引繼「ノテール」ニ慥ニ引渡シタル旨ヲ記シテ以テ引渡ノ相違ナク濟ミタルヲ證スヘキナリ

此目錄ハ通常私ノ證書（公正ノ證書ニ非ルヲ云）ニテ作ルナリ然レモ公正ノ證書ニテ之ヲ作ルモ亦妨ケナシ

又此目錄ハ引繼「ノテール」及ヒ舊「ノテール」或ハ相續人對席ニテ之ヲ作ルヘシ若シ舊「ノテール」或ハ相續人之ニ立會ヲ為サヽルトキハ正本ノ保存ニ付監督ノ

任アル「コミセールデュグーウェルヌマン」ノ立會ニテ作ルヲ以テ新「ノテール」ノ之ヲ預ル者ハ其引繼書類ニ付責ヲ負フコトナシ

正本ニ封印ヲ爲シタルキハ署記目錄ハ「ジユウジトペー」ノ面前ニ於テ作ルヘシトス是レ唯引繼「ノテール」ノ引繼キシ正本ハ死去セシ「ノテール」斯クシテ保存セシトノコトヲ證スルノ方法ニ過キサルナリ併シ「ジユウジトペー」ハ唯立會ヲ爲スノミニシテ實際目錄ヲ記スルコニ關渉スルノ任ナキノミナラス正本現在ノ目錄ニ撿印ヲ爲スノ任モ亦アラサルナリ

引繼「ノテール」舊「ノテール」ヨリ正本及ヒ見出帳ヲ悉皆請取リタルトキハ其目錄ノ下端ニ其證ヲ記シ手署スヘシ

目錄ノ寫ヲ取締局ニ納ムルノ定規ハ正本ノ見出ト保存トニ付更ニ一層ノ信據ヲ與ヘンカ爲メナリ千八百四十三年第一月四日ノ法律ニ據レハ目錄ノ寫ヲ取締局ニ納ムルハ廢局ノ塲合ニ限ルカ如シト雖モ孰レノ塲合ニテモ「ノテール」欠員セシトキハ必ス之ヲ納ムヘシトス

右目錄ヲ納メタルトキハ取締局ノ書記ヨリ其請取書

ヲ「ノテール」ニ渡スナリ

第五十九條　舊「ノテール」或ハ其相續人ト第五十四條第五十五條第五十六條ニ循ヒ正本ヲ受取ルヘキ「ノテール」トハ雙方ノ示談ヲ以テ未タ受取ラサル證書ノ手數料ト寫ノ手數料トノ算計ヲ定ムヘシ

若シ示談ヲ以テ之ヲ定ムル能ハサルトキハ雙方ニテ各一員ノ「ノテール」ヲ撰ミ或ハ裁判所ヨリ全地ニ住居スル「ノテール」ニ員ヲ撰ミ若シ又全地ニ「ノテール」ナキトキハ近傍ニ住居スル「ノテール」ニ員ヲ撰ミ之レニ其算計ヲ爲サシムヘシ

正本ハ商物ニ非ルナリ故ニ舊「ノテール」或ハ其相續人ハ之ヲ他「ノテール」ニ引渡スニ所有物トシテ讓渡ニ非ス唯之ヲ所持スルニ付享有スヘキ權利ヲ賣渡スナリ即チ此權利ニ二種アリ一ハ己レノ作リシ證書ノ謝金ヲ受クヘキ權利一ハ引渡シタル正本ノ寫ヲ引繼「ノテール」ノ作リ渡ス謝金ノ割合ヲ受クヘキ權利ナリ

寫ノ謝金ノ割合ヲ受クヘキ權利ハ正本ノ所持ニ管スル者ナルカ故ニ正本ナクシテハ此權生スルフナシ又未タ受取ラサル證書ノ謝金ヲ受クルノ權モ亦

全一ナリトス謝金ノ割合ハ雙方示談ニテ算計ヲ定ムヘキカ故ニ舊「ノテール」或ハ其相續人ハ正本ヲ引渡スヿヲ拒ミ且受クヘキ謝金ノ割合ヲ定ムルヲ拒ムヿヲ得ス又引繼「ノテール」ハ謝金ノ割合ヲ拂フヿヲ拒ムヿヲ得サルナリ

然レ𪜈慣習上辭職「ノテール」ニ限リ正本引渡ノ約定ニ於テ謝金ノ割合ヲ受ケルニ付該「ノテール」寫ノ執次ヲ爲スヿニ極メタルノ例鮮シトセス併シ裁判上ニ於テハ此方法ヲ不適當ナリトセリ而シテ此條ニ反スルノミナラス直接ノ關係者ノ外他ニ證書ヲ示

スヿヲ禁シタル第二十三條ニモ悖戻ス故ニ若シ謝金ノ割合ヲ引繼「ノテール」ヨリ贈ルヿヲ憚カニスル爲〆正本ノ寫ヲ舊「ノテール」ノ執次ニテ囑托人ニ渡スノ方法ヲ約定シタル片ハ其效ナシトス千八百四十一年第一月十二日「クールドカッサシヨン」裁決正本ノ引渡ハ舊「ノテール」職務ヲ罷〆タル後ニ非レハ爲スヘカラスト雖𪜈引渡ニ付テ約定ノミハ豫カシ〆爲シ置クヲ得ヘキナリ政府ニ於テハ引渡ノ約定並ニ舊「ノテール」ノ受クヘキ謝金ノ割合モ辭職ノ聞届前ニ辨理シ置クヘキヲ要スルナリ故ニ引繼「ノテール」指定ノ願書ヲ差出ス

トキ之ニ添フルニ慥カニ相當ノ割合謝金ヲ定メ正本ノ引渡ヲ爲スノ約定書以テスルニ非サレハ聞届ヲ爲サヽルナリ千八百四十三年第八月十日第九月十六日第十月四日六日及ヒ千八百四十四年第一月十七日ノ裁決右ノ裁決ハ此法ニ於テ正本ヲ讓渡スニ付引繼「ノテール」ノ開局セシヨリ一ケ月ノ期限ヲ許シ廢局ノトキハ二ケ月ノ期限ヲ許ス處ト相抵捂スルカ如シ

總シテ正本引渡ノ約定ヲ爲ストキ仝時ニ舊「ノテール」ニ贈ル謝金ノ割合ヲ精密ニ定ムルコトハ甚難カルヘシ如何トナレハ辭職「ノテール」ハ引繼「ノテール」ノ執

務ヲ始ムルマテハ職務ヲ行ハサルヘカラサル所以ナリ

政府ハ此件ニ付注意ヲ加ヘ千八百四十四年第一月二十三日左ノ如ク決定セリ

正本讓渡約定書中ニハ先ツ引繼「ノテール」ヨリ受クヘキ謝金ノ割合ヲ大凡ソ定メ置キ引繼「ノテール」ノ開局ノ時ニ至テ取締局及ヒ「コミセールデュグーウェルヌマン」ノ監督ヲ受ケテ作リタル添ヘ定約書ヲ以テ更ニ割合高ヲ増減スルヿアルヘキ旨ヲ記載シ置クヘシ

凡ソ役株讓渡ノヿト正本引渡並ニ謝金ノ割合ヲ受クルヿニ付テハ各別ノ定約ニスルヿヲ得ルト雖𪜈通常實際ニ於テハ一通ニシテ金額モ區別ヲ爲サス全額中ニ役株ノ價、謝金ノ割合及ヒ役局ニ附屬ノ物品ノ價トモ悉皆之ニ含有スルナリ併シ一通ニ作リシトキト雖𪜈謝金ノ割合高ノミ別ニ記スルハ嘗テ妨ケナカルヘシ

雙方示談ヲ以テ謝金ノ割合ヲ定ムルニ示談成ラサルトキハ二人ノ「ノテール」ヲ撰ミ定メシムヘシ若シ二人ノ「ノテール」ノ見込不同ナルトキハ更ニ一人ノ「ノテ

ール」ヲ撰ミ議セシムヘシ千七百九十一年第十月六日ノ法律第三章第十五條」

雙方ノ本人ハ全「コンミュン」及ヒ近隣ノ「コンミュン」ノ「ノテール」ヲ撰ムヿヲ要セサルナリ然レモ裁判所ノ長官ハ必ス本人ト同居住ノ地ノ「ノテール」ニ非レハ撰ムヘカラス若シ同「コンミュン」ニナキトキハ近隣ノ「コンミュン」内ノ「ノテール」中ヨリ撰ムヘシトス是其地方ノ慣習ニヨツテ成ル可ク相當ノ價額ニ定ムルヿヲ欲スルカ故ナリ

第六十條　總テ契約局（シャンブルドコントラー）書類局（ビュロードタブリチナージ）ノ名稱ヲ用井或ハ其他ノ名稱ヲ以テ證書ノ正本ヲ一纒ト爲シ「ノテール」中ノ

一人ヲ撰ミ附托スル者アルキハ其證書ノ副本及ヒ寫ヲ其附托ヲ受ケシ「ノテール」ヨリ渡スヘシ然レモ此等ノ書類ヲ裁判所ノ書記局ニ附托シタルキハ其副本及ヒ寫ヲ渡スノ權ハ「ゲレフイエー」ニ在リトス

第六十一條、「ノテール」又ハ其他證書ノ正本ヲ所持スル者ノ死去スルキハ「ジユウジドペー」直ニ其正本及ヒ見出帳ニ封印ヲ爲スヘシ但シ其封印ハ裁判所長ノ命令ニ因リ假リニ其正本及ヒ見出帳ヲ他ノ「ノテール」ニ引渡スニ至ル迄ハ之ヲ除去スヘカラス證書ノ封印ハ必ス死去セシ「ノテール」ノ理葬前ニ爲スヘシ若シ之ヲ理葬後ニ爲シタルトキハ「ジユウジドペー」其延引セシ事由ノ始末書ヲ作リテ之ヲ證セサルヘカラス又「ジユウジドペー」封印ヲ怠タリシトキハ「コミセールデユグーウヱルヌマン」或ハ取締局ノ監事ニテ之ヲ爲スヘシ

此場合ハ書類保存上公安ニ關スルヲ以テ死去セシモノヽ相續人中丁年以上ノ者ノ立會ヲ必要トセサルナリ然レトモ若シ封印ノ爲メ官吏ノ來リシトキニ他ノ「ノテール」ト正本引渡ノ手續ヲ定メ直チニ之ヲ行

ヿ旨ヲ辨解シテ其封印ヲ止ル𪜈ニ於テハ相續人中丁年以上ノ者立會ヲナスヘシ

正本ノ封印ハ「ノテール」死去ノ場合ニノミ爲スニ非ス第四條ニ定ムル管轄ヲ犯シ辭職セシ者ト看做サレタル者第三十三條ニ定メタル保證金ノ減額ヲ補ハサル者並ニ千八百三十年第四月三十日ノ法ニ定メタル誓ヲ爲スヿヲ拒ミタル者ノ所持セル正本ニモ封印スルヿヲ得ヘシ又裁判言渡ノ確定シタル𪜈ハ免職ノ「ノテール」ノ正本ニモ封印スルヿヲ得ヘキナリ又封印ヲ解ク前ニ契約者或ハ其相續人正本ノ

副本或ハ寫ヲ求ムルニ付裁判所ニ臨時ノ解印ヲ願ヒ出タルヲ以テ之ヲ渡ス爲メニ一ノ「ノテール」ニ命シ一時解印シタル𪜈モ再ヒ封印ヲ爲スヘキナリ

凡ソ封印ヲ解ク事ハ正本ノ假預ケ又ハ眞預ケヲ爲ス𪜈裁判所ノ命ヲ得ルニ非レハ爲スヘカラス

解印ノ𪜈ハ別段細密ノ目錄ヲ作ルニ及ハス唯第五十八條ニ從ヒ畧記目錄ヲ作ルヲ以テ足レリトス併シ之ヲ作ル𪜈ハ必ス「ジユウジドペー」立會ヲ爲スヘシ

「ノテール」死去シタル𪜈ハ「ジユウジドペー」ハ公益上

ニ管スルヲ以テ正本ノ預ケヲ爲シタルヿヲ撿シ及ヒ死去セシ「ノテール」ノ相續人ヨリ「ノテール」何某ニ引渡シタル旨ヲ撿スヘシ

凡ソ正本ヲ他ニ移スハ其保存上ニ於テ不都合ナレハ通常舊「ノテール」ノ家ニ預ケ置クヿトス併シ之ヲ一室若クハ簞笥ニ入レ其鍵ハ必ス假預リ人タル者所持スヘキナリ

假預リ「ノテール」ハ代理「ノテール」ト看做サレ立替金ノ外寫ノ謝金ハ舊「ノテール」ノ相續人ニ拂フヘク又舊「ノテール」ノ役局ニテ作リシ證書ニ就テハ其謝金

モ亦右相續人ニ拂ヒ而シテ其證書ハ他ノ證書ト一纒メニシテ其局ノ見出帳ニ留メ置クヘキナリ但シ代理「ノテール」ノ己レノ見出帳ニ記入スル場合ハ此限ニアラサルナリ

假預リ「ノテール」ハ正本ヲ預リ居ル時間ハ其副本及ヒ寫ヲ渡スノ權ヲ有スル者トス

裁判所長ノ命ニテ預ル所ノ正本ノ副本寫及ヒ對校ノ寫ハ登記稅ノ免ヲ得ルト雖モ必ス中形ノ印稅紙ニ記スヘシトス

正本ノ假預ケハ死去セシ「ノテール」ノ相續人正本ノ

眞預リ人ヲ撰マサリシキニ限リ命スルコトス若シ相續人直チニ此手續ヲ行フタルキハ之ヲ命スルコ無用ナリ是假預リ人ヲ命スルハ一時眞預リ人ニ代テ正本保存ノ方法ヲ設ルニアルノミ

裁判所長ハ唯假預リ人ヲ命スルノ權アルノミニシテ眞預リ人ヲ定ムルコニ付テ關渉スルヲ得ス又相續人ノ指定シタル者ノ外別ニ「ノテール」ヲ撰ムノ權ナキナリ

假預リ人ヲ廢スルニハ別段長官ノ命ヲ受クルニ及ハス相續人正本ヲ他ノ「ノテール」ニ引渡ノ約定ヲ為

シタルキヲ以テ廢シタル者トス若シ之ヲ爲サヽルキハ假預リ人ヨリ引繼「ノテール」ニ之ヲ引渡シ或ハ「コミセールデュグーウェルヌマン」ノ職務ヲ以テ命セシ「ノテール」ニ引渡スヘシ然ルキハ假預ケヲ廢シタル者トス眞預リ人正本ヲ引繼キタルキハ假預リ人或ハ死去「ノテール」ノ相續人ニ請取書ヲ渡スヘシトス

第三卷　現在「ノテール」ノ事

第六十二條　總テ「ノテール」ハ此規則頒布ノ日ヨリ必ス之ヲ遵守スヘシ

共和政第十一年風月二十五日頒布ノ「ノテール」規則

前ニハ諸種ノ名稱ヲ帶ヒシ「ノテール」ニテ職務ヲ行ヒシカ更ニ此條ニヨッテ從來ノ諸名稱ヲ廢シテ以テ同一ナラシム

第六十三條　此規則公布ノ日ヨリ「ノテール」兼任ノ爲メ又ハ兵役ノ爲メ名代人ヲ置キ或ハ職務ヲ自ラ中止シ或ハ職務ヲ行フヿヲ得サル者モ亦此規則ニ從フヘシ

此條ハ兼任スヘカラサル職務ヲ勤メシ「ノテール」或ハ兵役ノ爲メ職務ヲ罷メタル「ノテール」ニ復任ヲ許可セシ國帝ノ特令アルヲ更ニ法律ニテ認可シ定メ

タルモノナリ

第六十四條　前條ノ「ノテール」ハ己レノ職務ヲ引續キ行フヲ得ヘシ而メ其階級ハ從前拜命ノ年月日ノ先後タルヘシ

然レモ「ノテール」此規則頒布ノ日ヨリ三ケ月間ニ左ノ件々ヲ要ス

第一　「ノテール」最前ノ任官拜命ニ關セシ總テノ書類ヲ其住所ノ「トリビュナールドプレミエルアンスタンス」書記局ヘ納メ而シテ書記ヨリ收領證ヲ受取ルヘシ

第二「プレミエルコンシユル」ヨリ新ニ委任ヲ得ン爲メ政府ヘ其取領證ト共ニ舊官拜命ノ年月日並ニ舊管轄地ヲ記シ送遞スヘシ

此條ハ第六十二條ノ定規ヲ補全シ從來ノ「ノテール」ヲ改任スルノ手續ナリ

拜命ノ先後ト等級トヲ混視シ議論ヲ生スル乛往々之アリ故ニ等級ナル者ハ拜命ノ順序ニ拘ハラス假令其日ハ幾日前ナリシトモ必ス裁判所ニ於テ誓ヲ爲シタル日ヲ以テ定ムルモノナル乛ヲ知ラサルヘカラス

此條ノ執行ニ付二種ノ「サンクシヨン」法ノ威力アリ一ハ期限ニ違ヒ職務ヲ行フノ權ヲ失ヒ(次條見合)一ハ第六十八條ニ定メタル如ク書面ノ効ヲ失フヿナリ故ニ此法頒布前ニ於テ職務ヲ行ヒシ「ノテール」ニシテ定期中ニ必要ナル手續ヲ行ヒ國主ヨリ委任ヲ受ケサル者ハ其職務ヲ罷メサルヘカラス

第六十五條　其任ヲ受ケシヨリ二ケ月間ニ「ノテール」ハ姓名手署並署手署ヲ認メ第四十九條ノ規則ニ從ヒ裁判所ヘ届置クヘシ且ツ第四十七條ニ從ヒ誓ヲ爲スヘシ

前條並ニ此條ノ期限ニ違フ者ハ其職務ヲ行フノ權ヲ失フヘシ

第六十六條　兼任スヘカラサル職務ヲ奉スル「ノテール」ハ其職務ヲ奉スルヤ又ハ兼官ヲ奉スルヤ否ヤノ書面ヲ認メ住所ノ「トリビユナールドプレミエルアンスタンス」書記局ヘ差出スヘシ然ラサレハ其職ヲ辭シタル者ト看做シ新任ヲ置クヘシ此塲合ニ於テ其職務ヲ引續キ行フ者ハ第五十二條ノ罰ニ科セラルヘシ

第六十七條　「プレミエルコンシユル」ヨリ示令ヲ受ケ及ヒ第四十七條並第四十九條ノ式ヲ履行センカ爲メ

前條ノ如ク「ノテール」書記局ニ書面ヲ差出シタル日ヨリ三ケ月間猶豫ヲ與フヘシ

追加規則

第六十八條　第六條第八條第九條第十條第十四條第二十條第五十一條第六十四條第六十五條第六十六條及ヒ第六十七條ノ規則ニ違背スル證書ハ總テ公正ノ効ナシ若シ本人ノ手署アルトキ及ヒ總テノ關係者ノ手署アルトキハ私證書ノ効ノミヲ有ス若シ之カ爲メニ損害アラハ「ノテール」之レヲ償却スヘシ

公正證書ノ法式（フオリマリテー）ヲ數類ニ分チテ先ツ内法式（フオリマリテー、アントリセック）及ヒ外（フオル）

法式（マリテー、ヱキストラン）トス

內法式ハ今此條ニ付テ論スヘキ者ニ非レ圧是ハ契約ノ起源ニ關シテ其契約者雙方ノ所爲ニ出テ「ノテール」ノ所爲ニ出テサル者ヲ云フナリ

外法式ハ此條ニ付論スヘキ者ニシテ即チ證書ヲ作ルニ付テノ法式ナリ之ヲ分ツテ「シユブスタンシヱル」本質ノ法式又ハ「アクシダンテル」本質ニ管セサルノ法式トス

「シユブスタンシヱル」ノ法式トハ其證書ニ公正タルノ力ヲ與フルニ欠クヘカラサルノ手續ヲ云即チ「ノ

テール」ノ管轄或ハ囑托人證人及ヒ「ノテール」證書ニ手署スルヿ等ニ付定メタル第六第八第九第十第十四第五十二第六十四第六十五第六十六及ヒ第六十七條ノ法式等ノ如シ

若シ此法式ヲ守ラサルトキハ假令法律ニ於テ殊更ニ定メサル場合ト雖𪜈證書ノ効ヲ失フヘシ

「アクシダンテル」ノ法式トハ第十一第十二第十三第十四第十五及ヒ第十六條ニ定メタル書式等ノ如ク證書ヲ記スルノ規式ニ付テ云フナリ若シ此規ニ違フトキハ殊更ニ法ニ於テ定メタル場合ニ非レハ効ナ

シトセス其他ハ罰金或ハ他ノ罰ニ止マルナリ

此「アクシダンテル」ノ法式中法律ニ於テ殊更ニ公正ノ證書ヲ無効ト定ムルハ第二十條ニ於テ取除ノ證書ト定メサル證書ノ正本ヲ保存セサルノ場合ニノミアルナリ

「シユブスタンシエル」ノ法式ニ付テハ假令法ニ於テ殊更ニ定メサル場合ト雖モ亦證書ノ無効トナルヿアルヘシ例ヘハ第四十三條及ヒ第四十八條ハ此條中ニ掲出列記セスト雖モ等ク「シユブスタンシエル」ノ法式ナリ併シ國主ヨリ委任ヲ受ケサル者或ハ誓

ヲ爲サヽル「ノテール」ノ作リシ證書ノ効ナキハ固リ論ヲ俟タサルナリ

凡ソ證書ノ無効ノ言渡ニ至ルハ概シテ證書ノ不完全ニアリ證書ノ不完全ハ無効トナルノ原因ニシテ無効ハ即チ不完全ノ効果ナリ併シ證書ノ不完全ハ必ス無効トナルヤ否ニ付テハ屢論題トナリシト雖モ我輩ノ考フル所ニ據レハ囑托人證人及ヒ「ノテール」ノ手署無キ證書ノ如キハ全ク無効トナルナリ又其手署ナキ證書ハ唯尋常ノ書類タルノミナリ其他ノ無効ノ言渡ハ必ス裁判所ニ於テナラテ爲ス

ヘカラストス故ニ他ニ於テハ無効ノ認可ヲ為スヿヲ得サルナリ

無効トナシ得ヘキ證書ハ其未タ訴ヲ受ケサル間ハ眞ニ効アルモノトス然レトモ其無効トナリタルモ更ニ公正ノ證書ヲ以テ看認シ或ハ期滿得免ニヨッテ之ヲ回復スルヿヲ得ヘシ

抑證書ノ不完全ニ於テ三箇ノ場合ヲ生ス即チ(第一ニ)總員ノ手署アラサル場合(第二ニ)「ノテール」或ハ證人ノ手署ノミアラサル場合(第三ニ)「ノテール」ノ管轄違ヒノ場合或ハ證書ノ書式鬬欠シタル場合ナリ

（第一ノ場合ニハ）尋常ノ書類トナリ（第二ノ場合ニハ）本人等ノ手署ノミアルトキハ私ノ證書トナリ（第三ノ場合ニハ）證書ノ手署格法ノ如ク調フト雖𪜈管轄違ヒノ「ノテール」ノ作リシカ若クハ書式ノ闕欠シタルトキハ裁判所ニ訴出ラルヽマテハ公正ノ効アル者トスルナリ

定期内ニ登記税役所ノ登記ヲ爲サスト雖𪜈其證書ヲ以テ不完全ノ者トハ爲サヽルナリ

雙務ノ契約ニシテ其證書ニ總本人ノ手署アルトキノミハ之ヲ私ノ證書ノ効アル者トシ又片務ノ契約ニ

シテ例ヘハ書入質ノ義務ノ如キハ貸主ノ手署ナシト雖トモ借主ノ手署アルノミヲ以テ足レリトスルナリ

民法第千三百八十二條ニ(何事ニ依ラス他人ニ損害ヲ蒙ラシメタルトキハ其者必ス償ヲ爲スヘシトス)此條モ亦此衡平ノ定規ヲ採リ以テ適用ス故ニ「ノテール」ハ就中其職務ヲ慥カメン爲メ保證金ヲ供ヘ置キ又裁判所ニ於テハ證書ノ本人ヨリ請求シタルトキ「ノテール」ニ對シ損害ノ償ヲ言渡スナリ

凡ソ「ノテール」ハ己レノ作リシ證書ノ無効ニ付テハ

責ニ任スヘシト雖モ何ヲカ其無効ノ原因タル事實トスルヤ曰ク先ツ騙欺及ヒ奸計ナリ然ラハ法ニテ定メタル法式ヲ奸計ニアラスシテ犯シタルトキハ亦「ノテール」ノ責任ニアラサルヤ曰ク往時ハ尋常ノ證書ト遺言證書トノ區別アツテ尋常ノ證書ニ付テハ責ニ任シ遺言證書ニ付テハ責ニ任セストセリ然ルニ今日ニ至リテハ此區別ナク假令法式ニ違フ所瑣少ナリト雖モ證書ノ無効ヲ引出ストキハ「ノテール」其責ニ任スヘキノ訴ヲ受クヘキナリ

又「ノテール」懈怠及ヒ未熟ニヨツテ犯シタル過失重

大ナルトキハ決シテ宥恕スヘカラス故ニ凡ソ職業ヲ行フ者ハ能ク其道ニ通達シ且ツ充分注意ヲ加ヘサルヘカラス然レトモ過失輕クシテ別段ノ事情アルトキハ又裁判所ニ於テ宥恕ノ方法ヲ定ムルヲ得ヘキナリ

此件ニ付裁判所ニ於テ事實ヲ吟味判定スルノ權ニ別段ノ制限ナシ故ニ「ノテール」ニ對シ責任ノ言渡ヲ爲スハ概シテ過失ノ大ナル場合ニノミアリ例ヘハ「ノテール」爰ニ法式ノ要ヲ闕キタルノ一事ニ付其責任何如ノ疑問アツテ一議論ヲ生スルヿアランニ若

シ其事故意ニ出テスシテ全ク一時ノ誤謬ニ出タルトキハ責ニ任スルコトアラサルナリ即チ民法ノ頒布ヨリ僅カノ後チ婚姻ノ契約書ヲ作リタルニ證書ノ證人ヲ用井サリシヲ以テ證書無効トナリシモ其契約書ヲ作リシ「ノテール」ハ責任ヲ免カレタリ何トナレハ此際ニ當リ未タ婚姻ノ契約書ニ付證人ノ立會ヒヲ爲スノ要不要ノ論最モ盛ナリシカ故ナリ千八百十八年第十一月二十日「リヨーム」裁判所ノ裁決又法式ノ虧欠ニ付訴ヲ爲シタル本人ニ對シテモ責任ヲ免カルヽコトヲ得ヘキナリ」

凡ソ本人タル者損害ノ償ヲ求ムルトキハ必ス其蒙ム

リシ損害ノ廉ヲ明細ニ辨解セサルヘカラス

「ノテール」ノ責ニ任スヘキ事實ヲ豫察シ之ヲ擧ケ算フルコト甚難シト雖モ爰ニ責任ノ言渡ヲ爲シタル判決ノ數例ヲ揭ケン

尋常ノ公正證書ノ部

一證人ノ手署ニ付テノ詐僞ノ附記ヲ爲シタルトキ」

一證書ヲ作リ終リシトキニ「ノテール」手署セサリシ場合

一誤謬アル副本或ハ寫ヲ渡シ若シ之レカ爲メ損害ヲ生シタルトキ

一證書ノ文不完全ナルトキ或ハ正本ノ紛失シタルトキ

遺言證書ノ部

一日附ヲ落シタルトキ

一遺言者手署スルヲ知ラサルトキ其陳述ヲ記載セサリシトキ

一書直シノ文ヲ本文ノ末尾ニ記シ之ニ本人及ヒ證人ノ手署ナキトキ

一遺物財産ヲ受クル者證書ノ證人ト親族ナリシヲ「ノテール」預カシメ糾サヽリシトキ

左ノ件々ハ裁判所ニ於テ「ノテール」ノ責任ト爲サヽリシモノナリ

遺言證書ノ部

一證人ノ面前ニ於テ證書ノ朗讀ヲ爲シタル旨ヲ記載セサリシヿ

一遺物財產ヲ受クル者ニ付法ニ於テ禁シタル等親ニ當ル證人ヲ許容セシヿ

他ノ證書ノ部

一手署ノ數多キ證書中ニ其手署シアル旨ヲ附記セサリシヿ

正本ニ委任狀ヲ綴リ置サルキハ「ノテール」ハ償ヒニ任スヘキノ言渡ヲ受ケス唯罰金ノ言渡ヲ受クルノミトス

又「ノテール」ハ別段囑托人ト契約ヲ爲シテ登記稅ノ立替ヲ爲サヽリシキハ其稅金ニ付保證人トナルヿナシ

已ニ我輩ノ述ヘシ如ク「ノテール」ハ法式ノ闕欠ニ付責任アリト雖圧囑託人雙方ノ契約上ノ過失ニ付テハ嘗テ責任ナシトス是レ全ク囑託人ノミニ管スレハナリ

「ノテール」ノ責任ハ公正ノ證書ヲ作ルヿヨリ生スルノミニアラス總テ其職務上ニテ作ル一切ノ證書及ヒ殊更ニ法ニ於テ證定スルヿヲ命シタル總テノ所爲ヨリモ亦生スルナリ例ヘハ法ニ於テ「ノテール」ヲシテ囑托人愈其人ニ相違ナキヤヲ保證セシムルカ如キ是ナリ若シ「ノテール」之ヲ證スルヿヲ怠リ之カ爲メ損害ヲ生シタルトキハ其償ヲ擔當スヘシトス尋常ノ證書ヲ作ルトキハ其證人ノ能力ニ付「ノテール」之ヲ保證スヘキナリ何トナレハ其證人ヲ定ムル者ハ「ノテール」ナレハナリ然ルニ遺言證書ヲ作ルトキハ

遺言者自ラ之ヲ定ムルナリ故ニ此場合ニ於テ證人ノ不能力ニ付テハ責任ナシトス然レ𪜈年齡若クハ手署者ノ一人ト親族ナルヿ等ノ如キ證人タルノ能力如何ニ付一應ノ取糺ヲモ爲サヽリシ𪜈ハ裁判所ノ見込ニヨリ責ニ任スヘキ者ト言渡サヽルヿアルヘシ

又「ノテール」ハ其職務ニ非ル事件ニ付テモ責ニ任スヘシ例ヘハ書入質塗抹ノ件ノ如キ囑託人ノ便利ノ爲メ其代理者トナリタル𪜈ニアリ

又己レノ所爲ノミナラス筆生ノ所爲ニ付テモ責ニ

任スルヿアルヘキナリ斯ノ如ク「ノテール」ノ責ニ任スヘキ場合ヲ掲ケタル上ハ其責ニ任スヘキハ孰レノ「ノテール」ナルヤヲ定メサルヘカラス是レ違犯ノ「ノテール」即チ證書ヲ作リタル「ノテール」ナリ然レハ第二ノ「ノテール」ハ全一ノ責ニ任セサルヤ諸裁判所ノ裁決ニ於テハ或ハ然リトシ或ハ否ラストスルモ我輩ハ第二ノ「ノテール」ヲ以テ唯立會人ト看做シテ共ニ證書ヲ作リタル者トセス故ニ全一ノ責任ヲ受クル者ニ非スト思料スルナリ

法式ノ闕欠ニ付テノ責任ハ證書ノ證人ニハ拘ハラサルナリ如何トナレハ證書ノ囑托ヲ受テ之ヲ作ル者ニ非レハナリ併シ其證書ニ於テ詐謀ノ陳述アルヲ知テ立會ヲ爲シタルトキハ證人亦騙欺ノ所爲ニ渉ルヲ以テ其場合ニ因リ責ニ任スヘシ

人ヲ證スル證人ハ囑托人ノ異ナルトキハ固ヨリ責ニ任スヘシトス何トナレハ之ニ立會ヲ爲スハ「ノテール」囑托人ヲ知ラサルトキ愈其人ニ相違ナキ旨ヲ證スル者ナレハナリ

責任ニ付テノ訴ハ「ノテール」ニ對シテ爲スノミナラ

ス其相續人ニ對シテモ爲スヿヲ得ヘキナリ併シ裁判所ニ於テハ本人ニ對シ責任ヲ言渡スヨリ相續人ニ對シテハ何程カ宥恕セサルヘカラサルナリ是レ相續人ハ其過失ニハ關係ナキ者故充分ノ辨解ヲ爲シ得ル者ニ非ル所以ナリ

第六十九條　千七百九十一年十月六日ノ規則及ヒ其他總テ現今ノ規則ニ反スル者ハ之ヲ廢止ス

「ノテール」取締局及ヒ其職掌千八百四十三年一月四日ノ布告

抑「ノテール」規則タルヤ今日ニ至リ益世ノ貴重スル所トナリ已ニ共和政第十一年ニ於テ立法官ハ「ノテール」ニ公ケノ官吏ノ稱ヲ附與シ眞ニ欠クヘカラサルノ職タルヿヲ公言セリ故ニ裁判官ヲ除クノ外現在セル諸種ノ職ヲ廢止セシトキモ「ノテール」ノ職ニ限リ此廢止ノ令ヲ免カレタリ是レ則「ノテール」ノ職ハ世ノ信據ヲ得タルノ證ナリ

併シ斯ノ如ク「ノテール」ノ設立世ニ最モ効益アリト雖ドモ又之カ爲ニ生スル所ノ弊害ヲ禁戒スルヲ緊要

トス是曩ニ「ノテール」ノ重大ナル過失發露シ或ハ之カ為メ損害ヲ生シ民心ヲシテ悚愕セシメシ等ノ例アレハ後來其患害ヲ豫防セン為ナリ

第十一年風月二十五日ノ法ニ於テハ「ノテール」ヲシテ裁判所ノ監督ヲ受ケシメ又第十二年雪月二日ノ法ニ於テハ其監督ヲ補助スヘキ取締局ヲ置キ其局員ハ「ノテール」中互ニ投票ヲ以テ撰任スヘシト定メ以來數十年間實際ノ經驗ニヨリ更ニ此法ヲ設ケテ以テ取締局ノ構成ヲ改良シ且完備スルニ至リタリ蓋シ第十二年ノ法ハ主トシテ筆生ノヿヲ定メ且「ノ

テール」中永年職務ヲ安泰ニ勉勵セシ者ヲ褒賞スルノ方法ノミニ過ス

第一條　「トリビユナールシウヰールドプレミエルアンスタンス」初告民事裁判所所在ノ市街ニ取締局一箇所ヲ設ケ以テ其「アロンヂイスマン」中ノ「ノテール」取締ノ事ヲ任ス

凡ソ各「トリビユナールドプレミエルアンスタンス」ノ管内ニ於テ職務ヲ行フ「ノテール」ハ其等級ヲ論セス管内ヲ以テ一組トシ佗管ノ「ノテール」ト關係セス故ニ取締局ハ各「トリビユナールドプレミエルアンスタタンス」所在ノ地ニ一箇ヲ置クヲ以テ定則トスルナ

リ

第二條　取締局ノ職掌ハ左ノ如シ

第一　場合ニ依テハ「ノテール」犯則ノ事由ヲ推究シ或ハ又其罰ヲ言渡ス事

第二　總テ「ノテール」ノ間ニ生スル争殊ニ書類金額其他物品ノ遞送引渡附托ニ付キ生スル争又ハ證書ヲ作リ或ハ正本ヲ預ルヿニ付テノ争又ハ財産ノ目錄ヲ作リ及ヒ財産ノ分配羅賣等ノ事ニ付キ生シタル争ヲ豫遏シ又ハ勸解シ若シ其効ナキトキハ取締局ノ見込ヲ以テ裁斷スル事

第三　「ノテール」ノ職務ニ付キ外人ノ「ノテール」ニ對スル申立及ヒ要求ヲ豫過シ又ハ勸解シ又ハ「ノテール」人ニ損害ヲ加ヘタルトキ之レカ償ヲ其「ノテール」ニ言渡シ及ヒ其他取締ノ規則ヲ以テ「ノテール」ノ過アル者ヲ譴責スル事

但シ裁判所ニ訴フヘキ事アルトキハ此限ニアラス

第四　謝金ニ付キ生シタル爭ハ取締局ノ見込ヲ以テ裁斷シ又民事裁判所ニ訴フルトキハ見込ヲ出ス事第五十一條見合セ

第五　「ノテール」トナラント欲スル者ノ求ムル品行及ヒ任ニ堪フヘキノ保證狀ヲ渡スヿ但シ其保證狀ヲ渡スト渡サヽルトニ付テ評議ヲ爲シ決議ノ上其理由書ヲ作リ之ヲ「プロキュリュールデュロワ」ニ通達ス「プロキュリュールデュロワ」理由書ヲ受取リテ之ヲ「ミニストルドラジュスチース」ニ呈ス

第六　「ノテール」ノ役場ヲ廢セシトキ其役場ニアル證書ノ正本ノ目錄ヲ受取リ置ク事

第七　總テ其「アロンディスマン」中ニ在ル「ノテール」ノ權利又ハ利益ノ爲ニハ「ノテール」ノ總代人ト

ナル事

此條ハ取締局ノ權限ヲ定ム即チ本條ノ數項ニ掲クル如ク該局ハ裁判官或ハ勸解役或ハ支配役ノ職務ヲ行ヒ又候補筆生ヲ撿シテ以テ見込テ述フルノ權ヲ有スルナリ

第三條　總テ取締局ノ評議又ハ申渡ハ之ヲ其局長(プレジダントラシャンブル)ノ毎葉ニ畧式手署ト番號トヲ記シタル簿冊中ニ記載スヘシ

此簿冊ハ「ミニステールピュブリック」撿事局ノ求メアルトキハ之ヲ送達スヘシ

毎葉ニ畧手署ト番號トヲ附シタル簿册ニ取締局ノ評議或ハ申渡ヲ記載スルハ後日ノ參考ノ爲メ或ハ「プロキュリュールデュロワ」ノ求メヲ受タルキ之ヲ示ス爲ナリ

取締局ノ搆成

第四條　各「アロンディスマン」ノ取締局ノ議員ハ其「アロンディスマン」ノ「ノテール」互ニ撰任シテ之ヲ定ム
巴里府ノ取締局ノ議員ハ其數十九人タルヘク其他「ノテール」ノ數五十一名以上アル「アロンディスマン」ニ於テハ其數九人タルヘク「ノテール」ノ數五十名以下ノ「アロ

ンディスマン」ニ於テハ其數七人タルヘシ

巴里府ノ取締局ニ限リ「セーン」全州ヲ以テ其管轄トナルナリ

第五條　巴里府ノ取締局ニ於テハ少クモ其議員十二人又議員九人アル取締局ニ於テハ少クモ其議員七人又議員七人アル取締局ニ於テハ少クモ其議員五人出席スルニ非サレハ會議ヲ爲スヿヲ得ス

此條ニ定メタル議員ノ數ヨリ以下ニテ爲シタル評議ハ其効ナシトス

又取締局ハ裁判所ト等シク法ニ於テ定タル員數列

席スルニ非レハ事件ヲ判定スルヲ得ス
又評議ヲ爲スニ定員ヲ越タルトキハ權限ヲ僭越セシ者トス但此法第十五條ニ於テ定メタル場合ハ此例外トス
第六條　取締局ノ議員ハ互ニ撰任シテ議長（プレジダン）一人監事（サンデイック）一人調査官（ラポルチユール）一人「スクレテール」書記官一人出納官（テレゾリエー）一人ヲ定ムヘシ
議長ハ相違セル二説ニ付キ其投票ノ數互ニ全キ時ハ己レノ説ヲ以テ之ヲ決定スヘク又ハ其見込ヲ以テ又ハ議員二名ノ求メヲ以テ臨時ノ會議ヲ開クヿヲ得ヘ

ク又ハ其局中ノ警察ヲ掌ル可シ

監事ハ訴ヘラレタル「ノテール」ニ對シ原告トナリ又取締局ニ於テ評議ヲ爲スニハ先ツ其見込ヲ述フヘシ又議長ト全ク會議ヲ開クノ權ヲ有シ且ツ後ニ定ムル式ニ從ヒ其決議ヲ執行スヘシ又都テノ場合ニ於テ決議ノ趣旨ヲ遵守シテ取締局ニ代リ事ヲ行フヘシ

調査官ハ「ノテール」ヲ罪アリト爲シ言立タル事件ヲ調査シ一通ノ調書ヲ作テ之ヲ會議ニ出スヲ其職トス

「スクレテール」ハ局中ノ評議ヲ筆記シ書類ヲ管守シ總テ送達狀ヲ出スヲ其職トス

出納官ハ會議ノ許可ヲ得テ金銀ノ出入ヲ爲スヲ其職トス

三ケ月毎ニ合員會議ヲ以テ出入ノ決算ヲ爲シ其三ケ月間ノ責任ヲ解ク

第七條　監事ノ人員ハ巴里府ニ於テハ三人ニ至ルヲ許シ其他「ノテール」ノ數五十人以上ヲ管轄スル取締局ニ於テハ二人ニ至ルヲ許ス

監事ノ員數ヲ增スハ取締局ノ議員ヲ增スト等シク政府ノ决ヲ仰クヘキ乎曰ク否ラス監事ノ增員ハ公益ニ管スル事件ニアラスシテ全ク局務ノ便ヲ策ル

爲メノ方法ナルノミ故ニ之ヲ增スハ其局ノ適宜ニ任スルコ自由ナリ

第八條「トリビュナールダッペール」所在ノ地ニアル取締局ニ於テハ議長一人カ又ハ監事ト「スクレテール」ト各一人ツヽカヲ必ス其地ニ住居スル「ノテール」中ヨリ撰ムヘシ

其他ノ取締局ニ於テハ議長及ヒ監事ノ三人中必ス一人ヲ其「トリビュナールドプレミエルアンスタンス」所在ノ地ニ住居スル「ノテール」中ヨリ撰ムヘシ

若シ裁判所所在ノ地ニ「スクレテール」ノ住居セサルキ

ハ議長又ハ監事中ニテ其書類ヲ預リ且ツ後ノ第三十三條ニ定ムル簿册ヲ保存シ及ヒ其局中評議書ノ寫ノ送達ヲ掌ルヘシ

此條ノ主意タルヤ取締局ト議長監事及ヒ人民トノ交通ヲ便ナラシムルニ在リ併シ「ノテール」ノ權利ニ不同ヲ生スルト此便利トヲ比較スルトキハ我輩此條ヲ以テ至良ノ定規トハ云ハサルナリ

然ルニ「トリビュナールプレミエルアンスタンス」所在ノ地ニ「スクレテール」ノ居住セサルトキ議長或ハ監事ノ中ニテ書類ヲ預カルヿトスルハ甚タ必要ノ定規

ナリ如何トナレハ「スクレテール」其職ヲ去就スル毎ニ書類ヲ搬運スルハ不便ナルノミナラス書類ノ安全ニ管シ且「プロキュリュールデュロワ」ト或ハ又書類ニ關係ノ本人ト「スクレテール」トノ交通亦甚タ不便ナレハナリ

第九條　土地ノ都合ニヨリ第四條ニ定メシ取締局ノ議員ノ數ハ國王ノ命（オルドナンスロワイヤール）ヲ以テ之ヲ增減スルヿヲ得ヘシ然ルトキハ局中ニ出席ヲ必要トスル議員ノ數モ亦國王ノ命ヲ以テ之ヲ定ムヘシ

若シ議員ヲ減スルトキハ其減セラレタル議員ハ他日再

ヒ議員ニ擇ハルヽヲ得ヘキ命ヲ一同ニ命セラルヽヘシ「ノテール」ノ役場ノ新設或ハ廢棄ニヨリ「アロンディスマン」中ノ「ノテール」ノ總員五十名ヲ越ヘ或ハ下リタルトキハ取締局ノ議員ヲ之ニ準シ增減スルニハ別段王令アルヲ要スヘキヤ曰ク否ラス此場合ニ於テハ局員ノ增減ハ第四條ノ定規ニ從ヒ員數ヲ定メテ可ナリ蓋シ此條ハ管轄内「ノテール」員數ノ增減ニ拘ハラス唯地方ノ情實ニヨリ政府ニ於テ議員ヲ增シ或ハ減スルヿ必要ナリト見込ム場合ノ爲ニ定ムル者ナリ

第十條　第六條ニ定メシ議員ハ其特別ナル職掌アルニ關セス其他ノ議員ト同ク會議ノ席ニ於テ決議投票ヲ爲スノ權アリ但シ監事ノ原告トナリ訴出セシ事件ニ付テハ監事其決議ニ參與スヘカラス

第十一條　取締局ノ議員ノ數七人以下ナルトキ第九條ニ循ヒ國王ノ命ヲ以テ其員ヲ減スルニ於テハ第六條ニ定メシ職掌ノ數件ヲ一人ニ兼務セシムル事アリ然レトモ議長監事調査官ハ互ニ相兼ルヲ得ス

取締局定員ノタメニ關セス第六條ニ記スル職掌ヲ行フ者若シ欠席或ハ其他ノ故障アルトキハ暫時間一人ニ

數職ヲ兼務セシムルヲ得ヘシ然ルトキハ第六條ニ定メシ議員又ハ其他ノ議員ヲ以テ其職務ヲ行ハシムルヲ得ヘシ

此代員ハ議長之ヲ命スヘク若シ議長ナキトキハ合員會議ヲ爲シ多數ニ因テ之レヲ命スヘシ

取締ノ事

第十二條「ノテール」ハ其直接タルト間接タルトニ關セス左ノ諸件ヲ爲スヲ禁ス

第一　相場會社ノ取引、銀行、及ヒ商業ノ取引、其他金銀ノ賣買ニ關係スル事

第二　金銀、商業、工業ノ會社ノ事務ニ加ハル事

第三　不動産ヲ買入レテ更ニ之ヲ賣リ又ハ貸金證書、相續ノ權、會社ノ株札及ヒ其他金錢ニ關スル權利ヲ利益ヲ得テ讓リ渡スヿ

第四　己レ關係ノ事件ノ爲メ其職務ヲ行フ事

第五　人ノ金額ヲ己レノ名義ヲ以テ他人ニ貸シ又ハ預クル事

第六　自カラ仲人トナリ又ハ自カラ記シタル公正ノ證書或ハ私ノ證書ノ借リ金ニ付キ其保證人トナル事

第七　前文ニ記セシモノニ非サル證書ト雖モ他人ノ姓名ヲ借リ用ヰル事

直接間接ノ語意ヲ以テ甚シク推究スヘカラス何トナレハ「ノテール」ハ固ヨリ工業ニ管スル會社ノ株券等ヲ買得ルハ論ヲ俟タス唯第三項ニ記スル買入レテ更ニ之ヲ賣ル等ノ所業ヲ禁スルナリ

第十三條　若シ前條ニ記シタル禁ヲ犯ス事アレハ他ノ取締規則ヲ犯セシト同ク縱令損失ノ訴ヘナシト雖モ事實ノ輕重ニ從ヒ共和政十一年風月廿五日ノ法及ヒ此法ニ準シテ其「ノテール」ヲ罰スヘシ

第十四條　取締局ニ於テハ事實ノ輕重ニ從ヒ「ノテール」ニ言渡ヲ爲スコ左ノ如シ

一「ヲペルアオルドル」ニ職掌ニ違フタル者注意ヲ爲スノ意

一　戒諭

一　議員會議ノ席ニ呼出シ上席人ノ爲ス譴責

一　總會議ニ投票ヲ爲スノ權ヲ禁スル事

一　定期時間取締局ノ議員タルヲ禁スル事

但シ初犯ハ其期限三年ヨリ多カルヘカラス再犯ハ之ヲ六年マテニ及スコヲ得

此條ハ取締局ノ權限ニ管スル第二條ヲ補ヒ其權ヲ

定ムルナリ是レ取締上ノ刑法ノ如シト雖モ其定ムル處ノ罰ハ第十二年ノ法第十條ニ定ムル者ト等シク全ク道德上ノ罰ニシテ決シテ「シトワイヤン」タルノ權利ニ管セス又官吏タルノ面目ニ拘ハル程ノ罰ニ非ス唯戒諭ヲ受クルノミ而シテ最モ至重ナル場合ニシテ一時總會議ニテ投票ヲ爲スノ權ヲ禁セラレ又ハ取締局ノ議員トナルヲ禁セラルヽニ過キサルナリ

第十五條　若シ違犯ノ事件重大ナルガ爲メ「ノテール」ノ職務ヲ中止シ又ハ之レカ職ヲ免スルニ足ルヘキヲ

思量スルトキハ取締局ニ於テ「アロンディスマン」中ノ他ノ「ノテール」ヲ鬮引ニ爲シ以テ之ヲ其會議中ニ加フ即チ巴里府ニ於テハ十人ヲ加ヘ其他ノ取締局ニ於テハ其議員ヨリ二名少キ數ヲ加フ

取締局ニ於テ前項ノ如ク數ヲ增加シタル上ニテ會議ヲ爲シ以テ「ノテール」ノ職務ヲ中止スル時間ト之レカ職ヲ免スヘキトヲ其過半ノ說ニ從ヒ決定ス

其投票ニハ「ウイ」然リノ意ト「ノン」否ラスノ意トノ字ヲ分チ以テ密ニ之ヲ集ム然レトモ會議ノ爲メ呼出サレシ議員全數中ニテ少クトモ其三分ノ二出席スルニ非サレハ其評議

ヲ決定スル事ヲ得ス

第十一年風月廿五日ノ法第六第十六第二十三第二十六及ヒ第三十三條ニ依レハ裁判所ニ於テ「ノテール」ノ停職及ヒ免職ヲ言渡スヘキ場合各三ツアリ其他ノ停職免職ヲ言渡スヘキ場合ハ商法第六十八第百七十六條及ヒ千八百二十六年第七月三日ノ法令第十條ニ於テ之ヲ定メタリ

取締局ノ見込ハ裁判所ニ於テ唯參考ノ爲ニ取ル者ニシテ必ス其見込ヲ用井ルニ及ハサルヲ以テ罰ヲ增減シ或ハ無罪ニ言渡ストモ自由ナリ故ニ該局ノ

見込ヲ聽カストモ停職或ハ免職ヲ言渡スヿヲ得ヘキナリ

第十六條　取締局ノ會議中止或ハ免職スヘキニ決定スル時ハ其決議ノ始末書二通ヲ記シ其一ハ裁判所ノ書記局ニ送リ其一ハ「プロキュリュールデュロワ」ニ送ルヘシ

第十七條　取締ノ規則ニ背ク「ノテール」アル片監事ハ「プロキュリュールデュロワ」ノ求メニ因リ或ハ其事ニ關係アル人民又ハ取締局議員ノ求メニ因リ或ハ己レノ職務ヲ以テ其事件ヲ取締局ニ申立ツヘシ

監事犯罪ノ「ノテール」ヲ呼出ニハ通例（サンプルレートル）ノ書面ヲ以テ少

ク迄五日ノ猶豫ヲ與フヘシ其書面ハ監事之レニ姓名ヲ手署シテ「スクレテール」之レヲ送達シ且ツ「スクレテール」ハ之レヲ送達セシ旨ヲ簿册ニ記載スヘシ「ノテール」若シ監事ノ書面ヲ受ケ出席セサルトキハ監事更ニ「ウィーシエー」ヲシテ呼出狀ヲ送ラシム但シ前ト仝ク五日ノ猶豫ヲ與フヘシ

第十八條　「ノテール」ノ間ニ生セシ爭ヒニ付テ取締局ノ判斷ヲ受クヘキ事柄ナルトキハ其ノ雙方ハ呼出狀ヲ受ケスシテ取締局ニ出席スルヲ得又ハ原告タル「ノテール」其爭ヒノ事件ヲ記シテ己レノ姓名ヲ手署セシ通

例ノ書面ヲ作リ「スクレテール」ヲシテ之ヲ被告ニ送達セシメ以テ之ヲ呼出スヿヲ得但シ此時ハ其書面ノ副本ヲ「スクレテール」ニ預クヘク或ハ「ウィーシエー」ノ呼出狀ヲ用ヰ其正本ヲ「スクレテール」ニ預ケ置クモ亦可ナリトス
通例ノ書面及ヒ「スクレテール」ノ呼出狀ハ取締局ノ議長ノ撿印ヲ受クヘシ
出席ノ日限ハ第十七條ノ定メノ如クタルヘシ

此條ハ取締局ノ權唯勸解上ニ管スルヿヲ定メテ取締上ノ訴ニ管スル者ニ非ス故ニ該局ノ監事ハ此件

ニ付直接ノ訴ヲ為スノ權ナキナリ即チ此條ニ定ムル所ノ爭訟タルヤ全ク自己ノ利害ニ管スルノ訴ナレハ監事ノ主任トスル「ノテール」取締規則ノ範圍内ニ非ス因テ雙方ノ者自ラ取締局ニ訴出シタルキ事實ニヨリ假令監事ノ干渉スヘキ場合ナリト雖モ該監事ハ主タル原告ニハ非ルナリ

第十九條　取締局ノ議員中ニ原告或ハ被告ノ直系ノ親族或ハ姻族（等級ノ親疎ヲ論セス）又ハ叔姪以内ノ傍系ノ親族或ハ姻族アルニ於テハ其者其評議ニ參スルヲ得ス

此條ハ取締局ノ議員ト原告及ヒ被告人トノ親族タルヲ禁スルモノニシテ議員相互ノ間ノ親族タルヿニ付テハ嘗テ妨ケナキナリ

第二十條　取締局ニ於テ外人ノ出訴ニ付キ評議ヲ爲スヰハ先ツ前條ノ式ニ從ヒ其被告タル「ノテール」ヲ呼出シ其答辨ヲ聽クヘク若シ其被告人呼出ヲ受ケ出席セサルヰハ之ヲ聽クニ及ハス又該外人其事件ニ付キ申立ヲ爲スヲ欲スルヰハ共ニ之ヲ聽クヘシ但シ其外人ハ「ノテール」ニ一員ヲ賴ミ以テ代理タラシメ或ハ代言タラシムルヲ得ヘシ

取締局ノ決議書ハ必ス決議ノ理由ヲ記シ其決議セシ席ニ於テ議長ト「スクレテール」ト之レニ其姓名ヲ手署スヘシ

決議書ニハ必ス出席シタル議員ノ姓名ヲ記スヘシ

但シ此等ノ決議書ハ畢竟局中ノ取締方又ハ支配方ニ關スル命令書若クハ其局ノ見込書タルニ過キサレハ之ヲ登記局ノ簿冊ニ登記スルニ及ハス且ツ其決議狀ニ管スル書類モ亦全一ノモノトス

決議狀ヲ送致スヘキトキハ呼出狀ト全一ノ式ニ依ルヘク且ツ之ヲ送達セシ旨ヲ「スクレテール」其決議狀ノ欄

外ニ記シ置クヘシ

第十七條ハ監事ノ求ニヨリ取締上ノ訴訟手續ヲ定メ又第十八條ニハ「ノテール」相互ノ間ニ生シタル詞訟ニ付手續ヲ定メ而シテ此條ハ佗人ノ訴ニヨリ吟味ヲ爲スヘキ手續ヲ定ムルナリ此場合ニ於テモ第十八條ニ定ムル如ク監事ハ主タル原告ニハ非ルナリ

此條ノ場合ニ於テハ取締局ハ勸解及審判ノ權ヲ並有スルナリ

該局ハ一應雙方ノ陳フル所ヲ聽キタル上ニ非レハ

審判ノ言渡ヲ爲スヘカラス然レモ若シ呼出ヲ受ケ「ノテール」出席セサルトキハ詞訟ニ付見込ヲ付ケタル後チ監事ノ求ヲ待テ取締上ノ罰ヲ言渡スヲ得ヘシ

第二十一條　取締局ノ會議ハ集會ノ爲メ其局所在ノ市街中ニ設ケシ場所ニ於テ之ヲ爲スヘシ

「ノテール」ノ員數多キ「アロンディスマン」ニ於テハ就中巴里府ノ如キハ取締局ノ會議ヲ一週間ニ一度ヲ開キ時宜ニヨリ數度ノ臨時會議ヲ開クヿアリ然ルニ「ノテール」少キ「アロンディスマン」ニ於テハ會議ヲ開クノ定日ナク議長又ハ監事ヨリ殊更ニ集會ノ通知ヲ爲

シタル後ニ發會スルナリ
會員ニシテ欠會シタルトキハ取締上ニ於テ監事之ヲ
訴ヘタル上第十四條ニ定メタル罰ニ處スヘシ
取締局ナルモノハ其地方ニ於テ殊更ニ定局ヲ設ク
ヘキ者ナリト雖モ巴里府及其佗數箇ノ大市街ヲ除
クノ外ハ備金少キカ爲ニ多ク裁判所ノ公聽席或ハ
「ノテール」ノ役場ニ集會スルナリ
第二十二條　每歲兩度各「アロンディスマン」ニ於テ「ノテ
ール」ノ總會議ヲ爲スヘシ
又取締局ニ於テハ其必要ト見込ムトキハ更ニ總會議ヲ

爲スヲ得ヘシ

兩度ノ總會議又ハ臨時ノ總會議ハ第六條ノ規則ニ循ヒ其議員ヲ招集スヘシ

後ノ第二十五條ニ定メタル事件又ハ「ノテール」ノ職掌ニ關スルコトノ爲メノ會議ニハ取締局管轄內ノ總テノ「ノテール」ハ必ス之ニ參集スヘシ

第二十三條　總會議又ハ取締局ニテ定メタル規則書ハ先ツ之ヲ「プロキュリュールデュロワ」ニ出シ「プロキュリュールデュロワ」ハ之ヲ「プロキュリュールゼネラール」ニ出シ「プロキュリュールゼネラール」ハ之ヲ「ミニストルドラヂュスチス」ニ

呈シ以テ其規則ノ許可ヲ請フヘシ

第二十四條　總會議ニ於テ專ヲ議決スル爲メ又ハ總會議ニ於テ人ヲ撰擧スル爲メニハ取締局ノ議員ノ外其「アロンディスマン」ノ「ノテール」少クモ三分ノ一出席スルヲ必要トス

取締局議員ノ選擧及ヒ議員奉職ノ期限

第二十五條　取締局ノ議員ハ之ヲ選擧スル爲メ招集シタル「ノテール」ノ總會議ニ於テ撰任ス

取締局ノ議員ハ少クモ其半數ハ其管轄内ノ「ノテール」總員中ニテ三分ノ二中ニ居リ尤モ久シク其職ヲ行フ

者ヲ撰任スヘシ

「トリビュナールダッペール」所在ノ首府ニアル取締局ノ議員トナルヘキ者ハ其中少クモ二人ヲ其首府ニ住居スル「ノテール」中ヨリ撰任スヘシ

其他ノ取締局ニ於テハ其一人ヲ必ス「トリビュナールドプレミエルアンスタンス」所在ノ市街ノ「ノテール」中ヨリ撰任スヘシ

議員ハ投票ノ多數ヲ得タル者ヲ撰任スヘシ且其投票中ニハ現ニ撰任スヘキ人員ヨリ多數ノ人名ヲ記スヘカラス

議員ニ撰任セラレシ「ノテール」ハ總會議ニ於テ許可スルニ非サレハ其任ヲ辭スルヿヲ得ス

第二十六條　取締局ノ議員ハ毎歳其三分ノ一ヲ更撰スヘク若シ又其議員ノ數ヲ正ク三分ニ分ツヘカラサルトキハ毎歳成ルヘク丈ケ三分ニ近キ數ヲ以テ之ヲ更撰スヘク故ニ毎歳三分以下ノ數ト三分以上ノ數トヲ増減シ以テ何レノ人ヲ間ハス一員ニテ三年以上其任ニ在ラシメサルヲ要ス

但シ前條第三項第四項ノ「ノテール」ハ此限ニアラス

第二十七條　取締局ノ議員ニ撰マレシ者ハ第二十五

條第五項ノ規則ニ循ヒ第六條ニ定メシ役員ヲ互ニ撰任スヘシ

議長ハ第二十五條第二項ノ規則ニ從ヒ最モ舊キヿノテ［ル］中ヨリ之ヲ撰任スヘシ但シ第八條ノ規則ハ此限ニアラス

役員ハ毎歳更ニ之ヲ選擧シ且ツ一人ニテ再度公撰ニ預ルヲ得ヘク又タ撰擧ノ投票全數ヲ得ル者二人アルトキハ其中ニ於テ年長ノ者ヲ擧用スヘシ

役員ニ撰任セラレシ議員ハ其任ヲ辭スヿヲ得ス

第二十八條　取締局ノ議員ヲ撰任スルハ毎歳第五月

ノ上半月ニ於テスヘシ
役員ノ撰擧ハ遲クモ五月十五日ヲ以テシ此撰擧ノ終ルトキヨリ直チニ新任ノ者ヲ加ヘテ取締局ヲ開クヘシ

「ヲノレール」榮稱「ノテール」

第二十九條　二十年間繼續シテ其職務ヲ行フタル「ノテール」ニハ取締局ノ上申ト「ミニストルドラジュスチス」ノ添書トニ因リ國王ヨリ「ヲノレールノデール」ノ名號ヲ與フルヲ得ヘシ

數十年間執務勉勵ノ「ノテール」ニ「ノテール、ヲノレール」ノ名稱ヲ與フルコトハ從來政府ニ關セス全ク總會議ニ於テ為シタリト雖モ立法官ニ於テ殊更ニ法ニ之ヲ定ムルハ「ノテール」ノ職務ヲ貴重ニシ且ツ之ヲ勵マスニ必要ナリト認ムレハナリ

第三十條　「ヲノレールノテール」ハ總會議ニ列席シ評議ヲ為スノ權アリ但シ決議投票ノ權ハ之ヲ有セス此條ハ退職ノ者ノヿヲ云フ

「ノテール」トナラント欲スル者

第三十一條　總テ「ノテール」トナラント欲スル筆生ハ己レノ勤務セシ役場ノ「ノテール」ノ記シタル證書ヲ所持スヘシ

其證書ニハ何等ノ筆生タルヿヲ記スヘシ第十一年風月二十五日ノ法ニ依レハ「ノテール」ノ役局ニ勤メシ筆生ハ皆全一ノ稱ナリシカ此法ノ頒布アリシヨリ筆生ニ左ノ區別ヲ生シタリ即チ(第一)候補筆生「ノテール」トナラント欲スル筆生(第二)非候補筆生ナリ此法ニ於テハ候補筆生タル者ハ取締局ノ簿冊ニ姓名ノ登記ヲ得ル爲メ「ノテール」ヨリ渡ス所ノ筆生タル證書ヲ所持スルヲ要シ而シテ非候補筆生タル者ニハ此手數ヲ爲スニ及ハスシテ唯タ筆生ヲ勤ムルヿヲ許スナリ

總シテ「ノテール」ノ役場ニ於テ筆生ヲ勤メント欲スル者後日「ノテール」ノ職ヲ望ム者ナルキハ此區別ニ付能ク熟考ヲ爲スヘキナリ何トナレハ取締局ノ簿冊ニ登記ヲナサヽリシ筆生ハ假令幾年間「ノテール」ノ役場ニ於テ筆生ヲ勤メシ者ナリト雖𪜈見習期限ニハ之ヲ算入セサレハナリ

第三十二條　共和政十一年風月二十五日ノ法第三十六條以下ノ數條ニ定メシ筆生勤務ノ期限ヲ取締局ノ簿冊ニ記入スルニハ其筆生ハ己レノ出產證書ト前條ニ定メタル證書トヲ出スヘシ

第三十三條　取締局ノ「スクレテール」ハ筆生ノ勤メ時間ヲ記入スル爲メ別ニ簿冊ヲ設ケ議長ハ其毎葉ニ番號ヲ付シ畧手署ヲ爲スヘシ
其簿冊ニ記入スルニハ「スクレテール」ト筆生ト必ス其姓名ヲ手署スヘシ
此記入ハ第二十一條ニ定メタル證書ノ日附ヨリ三月間ニ之ヲ爲スヘシ
此書及ヒ出產ノ證書ハ取締局ノ書庫ニ之ヲ納メ置クヘシ
該簿冊ハ實ニ欠クヘカラサル者ニシテ之ヲ備フル

ノ主意タルヤ見習期限ヲ嚴正ニシ公正ノ力ヲ與ヘ且ツ證書ヲ渡スニ付依怙偏頗ノ情ヲ防キ大ニ有益ナルニアリ

第三十四條　其筆生ハ齡十七歳ニ滿ツルニ非サレハ其記入ヲ許サス

第三十五條　第四級以下ノ筆生其姓名ヲ簿冊ニ記スルトキハ必ス取締局ノ許ヲ受クヘク又取締局ニ於テハ役場事務ノ多少ニ因リ筆生ノ數ノ多キニ過クル時此許ヲ肯セサルヲ得

但シ一箇ノ役場内ニ全級ノ筆生二人以上ヲ置クヘカ

ラス
巴里府及其佗ノ大市街ニ於テハ各「ノテール」ノ筆生モ隨テ多ク各等ノ筆生アリ然ルニ小市街並ニ「コンミユンリユーラル」ニ於テハ各「ノテール」ノ役場ニ二名乃至三名ヨリ多カラス又筆生一人ヲ置キ唯證書ノ謄寫ノミヲ爲サシメ其餘暇ニ學科ノ研究ヲ爲サシムル「ノテール」モ亦鮮シトセサルナリ

第三十六條　總テ筆生ノ其級ヲ轉シ或ハ役場ヲ易フル𪜈ハ第三十三條ニ記シタル規則ニ循ヒ三月間ニ之ヲ屆出ツヘシ

但シ其届ニハ必ス己レノ等級ヲ記シタル證書ヲ添フヘシ

此條ハ候補筆生ノ昇級或ハ全「アロンディスマン」中佗ノ「ノテール」ノ役場ニ轉シタル場合ニノミ適用スルノ條ナリ若シ候補筆生他「アロンディスマン」ノ「ノテール」ノ役場ニ轉スルヰハ此條ニ定ムル尋常ノ届ニテハ濟マサルナリ必ス其轉シタル「アロンディスマン」ニ於テ更ニ第三十一條及ヒ第三十三條ニ從ヒ其「アロンディスマン」ノ取締局ノ簿册ニ姓名登記ノ手續ヲ爲サヽルヘカラス

第三十七條　各取締局ハ總テ其管轄內ニ在ル筆生ノ行狀ヲ監督シ且ツ場合ニ因テハ筆生ニ對シテ「ラペルオルドル」（職掌ニ違フタル者ニ注意ヲ爲スノ意）ヲ爲シ或ハ戒諭ヲ爲スヲ得又ハ一年ヨリ多カラサル時間ヲ定メ其見習期限中ノ既ニ經過セシ時間ヲ除弃ス

取締局ニ於テ筆生ニ對シ戒諭等ヲ爲スニハ「ノテール」ニ言渡ヲ爲スト全一ノ手續ニ從フヘシ然レ𪜈第十五條及ヒ第十六條ノ規則ハ之ヲ適用スヘカラス

何レノ場合ニ於テモ其有罪ノ筆生ノ勤務セシ役場ノ

「ノテール」ヲ呼出シ其始末ヲ問フヘシ

此法ノ定規ニ依レハ候補筆生ト非候補筆生ニ區別アリ然ルニ此條ニ總テ管轄内ノ筆生ノ行狀ヲ監督シ云々以下ノ文ニ據レハ非候補筆生モ亦取締局ノ管轄ニ屬スル者ナルヤ否ニ付疑アルカ如シ我輩考フルニ非候補筆生ト雖モ「ノテール」ノ局務ニ與カルハ候補筆生ト毫モ異ナルナキヲ以テ等シク取締局ノ監督ヲ受ケ且ツ訴ヲ受クル者トスヘキハ論ヲ俟スシテ明カナリ

第三十八條　從前見習期限ヲ證スル爲メ簿冊ヲ設ケ

サル取締局ニ於テハ此法布告ノ日ヨリ一月内ニ第三十三條ニ循ヒ其簿冊ヲ設クヘシ
總テ筆生ハ己レノ勤務セル役場管轄ノ取締局ニ至リ遲クモ來ル四月一日迄ニ己レノ姓名ヲ其簿冊ニ登記スヘク又此定期内ニ始メテ登記スル者ハ別段ノ證書ヲ携ヘ行キ其證書中ニ記シタル見習期限ノ既ニ經過セシ時間ヲ其簿冊ニ記載スヘシ但シ其證書ハ取締局ノ監事ノ撿印セシモノタル可シ

共用ノ金匱

第三十九條　各取締局ニハ該局ノ入費ノ爲メニ一ノ

共用金匱アルヘシ

共用ノ金匱ハ總會議ニテ決議セシ入費金ヲ貯フルモノナリ

總會議ニテ入費ノ金高ヲ定メシ決議書ハ第二十三條ニ記スルカ如ク「ミニストルドラジュスチス」ノ許可ヲ受クヘシ

既ニ決議シタル入費ノ金高ヲ其「アロンディスマン」ノ「ノテール」ニ賦課スルハ總會議ニ於テ之ヲ為シ然ル後ニ「プレミエープレジダン」（控訴裁判所長）「プロキュリュールゼ子ラール」ノ見込ヲ聽キタル上ニ之ヲ施行ス

公正證書ノ書式改革ノ法 千八百四十三年六月廿一日布告

第一條　共和政第十一年風月二十五日ノ法布告以後ニ記シタル公正ノ證書ハ第二ノ「ノテール」或ハ二人ノ證人其證書ヲ雙方ニ讀聞セ其雙方之ニ姓名ヲ手署スル場合ニ出席セサルヲ以テ之ヲ取消スヿヲ得ス

第二條　向後ハ生存中ノ贈遺、夫婦間ノ贈遺、贈遺ノ取消、遺囑贈遺ノ取消、私生ノ子ヲ子ト認ムル爲メノ公正ノ證書又ハ右等ノ證書ヲ作ルカ爲メ附與セシ委任狀ハ「ノテール」二員列席シ又ハ「ノテール」一員ト證人二員ノ面前ニテ作リシモノニ非サレハ其効ナシトス但シ第二ノ「ノテール」或ハ二員ノ證人ハ「ノテール」ノ其證書ヲ契約ヲ爲ス雙方ハ讀ミ聞カセ其雙方ノ之レニ姓名ヲ手署スルヰニ限リ必要ノモノトス又「ノテール」ハ第二ノ「ノテール」又ハ二員ノ證人ノ其席ニ立會シ旨ヲ證書ノ末ニ記スヘク若シ之ヲ記セサルヰハ其證書ノ効ナシトス

第三條　其他ノ證書ハ從前ノ如ク共和政第十一年風月二十五日ノ法第九條ニ據ルヘシ

第四條　遺囑ノ贈遺ノ書式ハ常ニ民法ノ規則ニ循フヘシ

佛蘭西「ノテール」規則畢

和蘭「ノテール」規則

第一章 「ノテール」公證人ノ職務及其管轄

第一條

「ノテール」ハ公ノ官吏ニシテ公正ノ証書(アクト)ヲ作ル爲メニ任セラルヽモノナリ即チ法律ノ命スル所又ハ「アンテレッセー」(其事件ニ關係アルモノ)ノ望ミニ從ヒ和解或ハ契約或ハ「ディスポジシヨン」(相手ノ承諾ヲ待タスシテ作ル證書遺囑證書本人ヲ定メサル委任狀ノ類)等ノ証書ヲ作リ其証書ヲ預リ保チ其日附ヲ保証シ並ニ副(グロス)本寫(エキスペディシヨン)及ヒ拔抄(エキストレー)ヲ渡スヲ以テ其職務トス

其權內ニ屬スル証書ハ他ノ公ノ官吏ニ託セスシテ必

ス自ラ之ヲ作ルベシ

唯官ノミ証書ニ効ト力トヲ與フヲ得ベシ故ニ「ノテール」ヲ公ノ官吏トス即チ「ノテール」トハ官權ノ一部ヲ行フ者ノ義ヲ含ムナリ

「ノテール」ハ証書ヲ認メ其事ヲ慥ム其職務ハ公正式ヲ以テ囑托人ノ陳意ヲ慥ムルヲ主トシタル一ノ「トリビュナール ボロンテール」隨意裁判所ト謂フカ如シ民人己レノ意ニ任セ囑托シ即チ公正確實ノモノトナルノ意ナリノ如キ者ナリ

「ディスポジション」トハ遺物贈遺等ノ事ヲ言フナリ

「ノテール」ハ公ノ官吏ニシテ國王ヨリ命セラルヽ

モノナリ

公ノ官吏トハ公ノ職務ヲ行フモノヲ云フ公ノ職務トハ政府(グーヴエルヌマン)ノ許與ニ因テ取扱フ事務ヲ云フ

法律ノ命スル所トハ法律ニ於テ必ス公正式ニ認ムベキ證書ナリ即チ民生官吏ニ出ス委任狀(民法三十六條)私生ノ子ヲ見認ムル證書(民法三百三十四條)輔佐人及ヒ後見人ヲ命スル證書(三百九十二條)幼者ノ動産或ハ不動産ノ競賣ノ證書(四百五十二條以下)幼者失踪者等ノ關スル相續ノ分配ノ證書(八百十九條以下)贈遺ニ關スル諸證書及ヒ其承

諸ノ證書(九百三十一條以下)公ノ遺言證書（テスタマンピユブリツク）(九百七十一條)秘密遺言證書（テスタマンミスチツク）ノ預證書(九百七十六條)遺言證書ニ三種アリ即公ノ遺言證書自筆遺言證書（テスタマンチロクラフ）秘密遺言證書ナリ公ノ遺言證書トハ「ノテール」二人證人二人ノ立會ヲ以テ作リタルモノナリ自筆遺言證書トハ遺言者自ラ認メシモノニシテ證人二人ノ立會ニテ「ノテール」ニ預ケヘキモノナリ其封ナキモノハ「ノテール」其上端ニ預リタル事ヲ記入シ其封シタルモノハ別ニ其預リタル證書ヲ出ス秘密遺言證書トハ他人又ハ遺言者ニテ認メ遺言者自ラ封シ手署シタルモノニシテ證人四人ノ立會ヲ以テ「ノテール」ニ預ケ置クモノナリ「ノテール」其預リタル事ヲ其封紙ノ上ニ記ス之ヲ「アクトドシユスクリプシヨン」ト云フ遺言ヲ廢スル證書(千百三十五條)提供ノ證書(千二百五十八條)物件又ハ金高ヲ預リ役所ニ預ル始末書(千二百五十九條)代權義

務消却ノ證書(全條第二項)婚姻契約證書及ヒ其變換ノ證書(千三百九十四條)財產共通回復ノ證書(千四百五十一條)書入質ノ證書及ヒ其取消ノ證書(二千百五十八條以下)尊屬親ヨリ卑屬親ヘノ財產分配ノ證書(千七十五條)公正式ヲ要スル證書ニ付テノ諸委任狀等是ナリ

右ノ外ハ何レノ證書ニテモ必スモ「ノテール」ニ賴テ作ルヲ要セス其人ノ意ニ任ス

第二條

「ノテール」ハ畢生間國王ヨリ命セラルヽ者トス

之ヲ命スルハ候補者(カンジダー)ノ願ヒニ因ル（十七條見合）「ノテール」ハ終身官ナリ但自ラ其身分(エタ)ヲ抛棄シタル場合（九條十八條）免職ニ至ル場合（三十六條五十六條五十七條）名譽ノ退職ノ場合ハ此限ニアラス

蘭國ノ「ノテール」ハ佛國ト全ク終身官ナリ蘭國ニテハ裁判所長(トリビユナール)裁判官(ジユツジ)副裁判官ハ終身官ナリト雖𪜈「ミニステールピユブリク」（檢事局）ニ關スル官吏書記及ヒ副書記ハ終身官ニ非ス

「ノテール」ト他ノ公ノ官吏ト異ナルアリ「ノテール」ハ終身官トス其他ノ官吏「ジユウジドペー」（治安裁判官）全

代役全書記全代役等ハ唯五年ヲ期トス蓋シ「ノテール」ハ國民ノ信用ヲ厚クシ且尊敬ヲ得セシメンカ爲メナレハナリ

第三條

「ノテール」ハ其命セラレタル「アロンディスマン」郡内ニ於テ其職務ヲ行フモノトス

全國ノ各「アロンディスマン」ニ配置スベキ「ノテール」ノ員數ハ國王ノ命ニ依テ之ヲ定ムベシ其割合ハ人口四千ニ付「ノテール」一人トシ其定數ヲ越ユベカラズ

「ノテール」ハ受持場所或ハ住所ノ地ニ於テハ受持場

所外ノ人ノタメニ證書ヲ作ルヲ得ベシ

許多ノ「ヴイル」市街ノアル受持場所ニ命セラレタル「ノテール」ハ假ヒ甲「ヴイル」内ニ住スト雖𪜈其他ノ「ヴイル」ニ行テ職務ヲ行フヲ得ベシ「ノテール」ノ定員ノ大數ヲ示セシガ故ニ其小數ヲ示サス

第四條ノ一項第七條ノ一項ヲ見合スベシ此條ハ「ノテール」職務ヲ行フ場所ノ限リヲ云ヒ第四條ハ其管轄ノ場所ヲ云フ其管轄外ニ於テハ第七條ノ一項ノ如ク其職務ヲ行フヿヲ得ス

第四條

「ノテール」ハ其職ヲ命セラルヽトキニ其居住ノ地ヲモ指定セラルベシ（第三條ノ一項第七條ノ一項ヲ見合スヘシ）一「ヴイル」ノ廣サ一「カントン」縣以上ナレハ少クモ一「カントン」毎ニ「ノテール」二人ヲ置ク可シ

「ノテール」ノ願ニ依テハ國王ノ免許ヲ得テ其居住ノ地ヲ替ユル事ヲ得ベシ

居住地ヲ替ヘルハ受持場所内ニ非ラスンハ能ハス

（五條見合）

「ノテール」ハ四千ノ人口ニ一人ヲ置クヲ以テ常例

トス蓋シ蘭國ニ於テハ各「カントン」ノ人口八千人ニ過ク縱令ヒ「ノテール」トナルニ堪ベキ人ニ乏キトキト雖𪜈一「カントン」毎ニ必ス二人ヨリ少カルベカラス

「ノテール」僻遠ノ地ヲ管轄シ人民依賴少ク其職ヲ施スニ足ラサルトキハ歎願ニヨリ他ノ場所ニ轉移スルヲ得ルナリ

第五條

「ノテール」ハ指定サレタル地ニ必ス永久ノ住居ヲ定メ且役局ヲ設ケ證書ヲ預リ保ツ可シ

若シ之ニ違フ𬼂ハ三ケ月以上六ケ月以下其職ヲ停止セラル丶ベシ

若シ十四日以上ノ他出ヲ欲セハ「アロンディスマン」ノ裁判所「オフ井シエードシユスチス」（裁判所ノ検事ノ如キモノ）ノ免許ヲ得サル可カラス

若シ一ケ月以上ノ不在ヲ要スル𬼂ハ「プロヴンス」州裁判所（佛ノ控訴院ニ仝シ）ノ「プロキユリールゼチラール」（大検事）ノ免許ヲ得ベシ

若シ此レニ違フ𬼂ハ百「フランク」以上二百「フランク」以下ノ罰金ヲ命セラルベシ如シ違犯再三ニ及フ𬼂ハ三

ケ月以上六ケ月以下其職務ヲ停止セラルベシ
若シ他出ノ免許ヲ得タルトキハ「アロンディスマン」ノ裁判所ノ「オフシエードジユスチス」或ハ「プロキユリユールゼ子ラール」ハ己レノ見込又ハ其「ノテール」ノ願ニ因テ他ノ「ノテール」其本官ノ住居ニ近キ者ヲ擇ヒテ代理ヲ命スベシ又「オフシエードジユスチス」或ハ「プロキユリユールゼ子ラール」ハ其代理タルモノニ本官ノ行フ所ノ事務ヲ引繼クコトヲ命スベシ
佛民法第百五條ニ云フ別段其申述ナキトキハ其トキノ模様ヲ以テ其意アルノ證トナスベシト是レ又「ノテ

ール」隨意ニ居住地ヲ替ヘタル場合ニモ引用スベシ」
「ノテール」若シ己ノ住所地外ニ出張局ヲ設ケタルキハ此條ノ定規ニ背クヲ以テ住所地外ニ役局ヲ設ケタル者トス而シテ停職ヨリ生スル結果ニ付テハ五十五條五十六條及ヒ五十七條ヲ見ルベシ
「ノテール」ハ公ノ官吏ニシテ人民ノ依託ヲ受ルキハ必ス其職務ヲ行ハザルヘカラス故ニ人民ニ不都合ナカラシメ又諸證書類ヲ能ク監守セシメンカ爲メニ常ニ其家ニアルハ職務上尤必要トスル所ナリ是ヲ以テ若シ此ニ違ヘハ三ケ月以上云々

ノ嚴罰ヲ命スルモ過酷ト爲ス
管轄地外ニ行キ十四日以上ニ及ヘハ必ス許可ヲ要シ以下ナレハ許可ヲ要セサルトハ一ノ弊害アリ若シ十三日頃ニ歸リ兩三日ヲ經テ又他行セハ許可ヲ待タスシテ實ハ二十日余ノ他出ヲ得ルニ至ルベシ若シ如此ク法ノ弊アルヲ幸トシ猥リニ他行スルトハ其職務ヲ怠ル者ナルガ故ニ第五十條ノ定規ヲ以テ罰スルヲ得ベシ

第六條

「ノテール」ハ各民ノ依賴ヲナストキ故ナク之ヲ拒ムヘカ

ラス

且「アロンディスマン」ノ裁判所上席人ノ命アルトキハ訴訟法八百五十八條ニ從ヒ貧人ノ爲ニハ謝金ヲ受ケスシテ其事ヲ取扱フベシ

「ノテール」職務ヲ拒ムベキ場合ヲ豫定シ難シ又「ノテール」ハ囑托人ノ陳意ヲ判スル者ニ非ス唯之ヲ公正式ヲ以テ慥ムル者ナリ故ニ其職務ヲ拒ムベキ場合ヲ豫定セス七十三條ニ人ノ爲ニ損害ヲ生シタルトキハ之ヲ償フヲ以テ「ノテール」ノ責トス是ヲ以テ假ヒ囑托人强テ囑託スルヿアルトキハ何レノ場合ヲ問ハ

ス職務ヲ行フヲ拒ムノ權アリ
囑托人登記稅或ハ印紙稅ノ先拂ヲ拒ムトキハ「ノテール」モ亦職務ヲ拒ムヲ得ベシ然レトモ囑托人謝金ノ先拂ヲ拒ムトキニ「ノテール」ハ職務ヲ行フヲ拒ムヲ得ス」
嘗テ議院ニ於テ「ノテール」規則評議ノアリシトキ或ハ貧人ノタメ無謝金ニテ作リタル證書ニハ登記稅及ヒ印紙稅ヲ廢スルノ說ヲ陳述セシカ之ヲ廢スルトキハ會計上大ニ損亡ヲ生スルトノ「ミニストル、ドラジュスチス」裁判事務執政ノ議ニテ其說ヲ採用セサリキ
裁判所々長ノ命令書ハ證書ニ綴リ其旨ヲ附記スル

ナリ

「ノテール」ハ一般人民公益ノ為メ設ケタル者ナレハ故ナクシテ人民ノ囑託ヲ拒ムヘカラス然レ𪜈事故アレハ之ヲ拒ミ得ルヿアリ其事故トハ縦ヘハ其人爛酔シテ事ヲ辨シ難キカ或ハ不正ノ契約ナルカ或ハ又ハ「ノテール」病ニ依テ其職ヲ行フ能ハサルカノヿヲ云フ若シ人民ニ於テ其拒ミヲ不承知ナリトシテ之ヲ「オフヰシエードジュスチス」ニ訴フルヿハ「オフヰシエードジコスチス」ハ「ノテール」ヲ呼出シテ之カ答辨ヲナサシム其答辨果シテ條理

アルキハ其訴狀ヲ却下シテ受理セス若シ又答辨不條理ナルキハ其趣ヲ裁判所ニ申出シテ裁判所之ヲ判斷スルナリ

訴訟法八百五十八條ハ貧人ノ依託アルキ謝金ヲ受ケスシテ其事ヲ爲スヘキヲ云ヘリ貧人其貧ヲ證スルニハ己レノ懇親ナル者二名ヲ以テ證人トシ「ブルメートル」邑長ニ其證書ヲ請フ「ブルメートル」其證人ノ云フ所眞實ナリト信スレハ則證書ヲ裁判所ニ出シ裁判所ヨリ之ヲ「ノテール」ニ渡ス若シ證書ヲ渡サヾルキハ其旨ヲ認メ且謝金ヲ受ケサ

ルベキヲ命ス若シ又「ブルメートル」證人ノ云フ所ヲ信ゼザルトキハ證書ヲ出スコヲ拒ム

第七條 第一條第三條第四條見合

「ノテール」ハ其命セラレタル管轄場所外ニ於テ其職務ヲ行フコヲ得ス

若シ之ニ違フトキハ三ヶ月以上六ヶ月以下其職ヲ停止セラレ且其證書ニ付テノ費用及ヒ其損害ノ償ヲ擔當スベシ

「ノテール」受持場所外ニ於テ認メタル證書ハ公正ノ効ナシトス（佛民法千三百十七條蘭民法千九百五條

見合)但シ本人ノ手署アル者ハ唯私ノ効アルノミ「ノテール」ノ管轄ニ一定ノ區域アリ其管轄地外ニ於テ認メタル證書ハ其効ナシ然モ管轄外ノ者來テ求ムルカ爲ニ證書ヲ認ムルハ此限ニアラス甲地ノ人乙地ニ於テ甲地ニアル所ノ不動產ヲ書入質ト爲ストキノ契約書ハ乙地ノ「ノテール」ニテ之ヲ取扱ヒ其登記ハ則甲地書入質登記役所ニテ爲サヽル可カラス因テ乙地ノ「ノテール」ヨリ之ヲ甲地ノ「ノテール」ニ依託シテ之ヲナスヲ定則トス然レモ「ノテール」繁務ニシテ遲延ノ恐レアルトキハ債

主ヨリ直チニ甲地ノ「ノテール」ニ依託スルモ妨ケナシトス書入質證書ヲ登記スルハ登記役所ノ官吏之ヲナスナリ而シテ書入質證書ヲ認メタル「ノテール」其登記ヲ直ニ登記役所ニ依託スルハ慣習ニシテ定則ハ債主ヨリ之ヲ其役所ニ依託スヘキ理ナリ故ニ「ノテール」自ラ登記役所ニ其證書ノ登記ヲ依託スルヿヲ債主ニ拒ムヿヲ得ヘシ

「ノテール」ノ監督ハ監察(エンスペクテール)官吏之ヲナス此官吏ハ國王ヨリ命スルモノニシテ各「アロンディスマン」ニ常在シ毎年兩度巡廻シテ「ノテール」ノ取扱ヒタル事

務ヲ撿査ス若シ違則ノヿアレハ之ヲ「オフヰシエードジユスチス」ニ申告ス此ノ監察官吏ハ登記局書入質並收税ノ事務ヲモ監督ス

第八條

「ノテール」ハ裁判所ノ事務ヲ兼任スルヲ得ス裁判官ノ副並「ジユウジドペー」ノ副「ミニステールピユブリツク」ノ官吏ハ此限ニアラス但シ「ジユスチースドペー」又ハ「ドリビユナールドペー」（治安裁判所）ニハ「ミニステールピユブリツクナシ又「プロキユレール」佛ノ「プロキユレンール」ト全名ニシテ異職ナリ人ノ如キモノ代書（アツツエー）使吏（ツイーシエー）原告被告又ハ裁判官ノ書類「ソリシヲ送達スルヿヲ掌ル小吏テール」代書人ノ如キモノ然レ氏裁判所ニハ出ルヲ得スノ職務ヲ行フヲ得ス又「コミセールドポリス」邏卒長及ビ登記局此局ハ收税ノ爲メニ設ク證

書ヲ此局ノ簿冊ニ登記スルハ猶證券印紙ヲ貼付スルカ如シ収税官吏雜税ノミニカヽル書入質登記局ノ官吏「グーヴェルヌマンロカール」邑治ノ「ブルメートル」「スクレテール」書記官徴税官吏正税ノミニカヽル収納官吏ノ職務ヲ行フヿヲ得ス

然レ𪜈國王ノ特命ニ依テハ「グーヴェルヌマンロカール」ノ「ブルメートル」「スクレテール」収納官吏ノ職ヲ兼任スルヿヲ得ベシ

前數項禁スル所ノ職務ヲ兼任セシメントスルヿアリテ「ノテール」自決スル能ハサルトキハ必ス國王ノ決ヲ請フベシ

此條及ヒ次條ハ一般ノ定規ニシテ其取除ノ場合ハ第七十五條ニ於テ之ヲ定メタリ

「ノテール」ハ最モ其職ニ專一ナラシムルカ爲メニ兼任ヲ許サス且裁判所事務等ヲ兼任スルニ於テハ己カ書キタル證書ヲ己レ裁判スルニ至ル等ノ嫌アリ

併シ僻遠ノ小「コンミユン」邑ニ於テハ國王ノ特命ニ依テ「ブルメートル」邑會ノ「スクレテール」「ゴンミユン」ノ收納官吏ヲ兼任スルヿアリ

第九條

「ノテール」若シ兼任スヘカラサル他ノ職務ヲ奉シタルトキハ其本職ヲ自ラ拋棄シタル者トス但第八條ノ第三項ニ從ヒ國王ヨリ特別ノ允許ヲ得タルトキハ此限ニアラス

又「ノテール」ヲ兼任スヘカラサル他ノ官吏若シ「ノテール」ノ職ヲ命セラレ而シテ其命ヲ奉シタルトキハ其本官ヲ自ラ拋棄シタル者トス但シ第八條第三項ニ從ヒ國王ヨリ特別ノ允許ヲ得タルトキハ此限ニアラス

第二章　「ノテール」ト為ルヘキ要件及ヒ「ノテール」ニ任スル手續

第十條

「ノテール」トナルヘキ者ハ建法ノ條件ニ適セルノミナラス更ニ左ノ件々ヲ必要トス

第一　滿二十五歳以上タル事

第二　預備軍ノ定期ヲ終リタル事

第三　六ケ年間本人ノ住居セル所ノ「ブルメートル」ヨリ兼テ知ル所ノ篤實ナル證人四名ノ證ニ依テ其品行ノ正シキヿヲ證スルノ證書ヲ得ル事

第四　下條ニ記載スル所ノ試撿ヲ濟マシタル事

國王ハ年齡ノ定メニカヽハラス「ノテール」ヲ命スルノ特權アリトス然レモ必ス滿二十三歲以下ノ者ヲ命スベカラス

兵役免除ノ證書ハ四十歲以上ノ者ニハ必用トセス」現住地ノ「ブルメートル」ノ渡シタル六年間ノ品行正實ノ證書ヲ差出スベシト限ルニアラス唯過シ六年間ノ品行正實ノ證トナルヘキ者ヲ以テ足レリトス故ニ嘗テ住セシ各地ノ「ブルメートル」ヨリ渡スヲ得ベシ

必要ナル者四件トアレモ尚左ノ一件ヲ加フルヲ

善トス但シ此件ハ法ノ命シタル所ニアラス「ノテール」ハ自國ノ文筆ニ達スルノミナラス各國英佛獨逸ノ言語ニ通スルヲ以テ善トス蓋シ外國人ニ在テハ各其本國ノ語ヲ以テ證書ヲ記シタキヿヲ求ムルモノ多キカ爲ナリ且二十九條ニ「ノテール」知ルニ於テハ囑托人ノ求ムル言語ニテ其證書ヲ作ルベシト云ヘルヿ有レハナリ

佛國ニテハ「ノテール」トナラントスル者ハ蘭ノ如ク試撿官之レカ試撿ヲナサス唯「ノテール」取締局ニ於テ之レガ試撿ヲナシ筆生ヲ勤メタル年數ニ

ヨリ之ヲ命ス（千八百四十三年一月四日ノ布告佛法第二條）

滿二十五歳ト定メタルモノハ學問モ畧ホ成リ知識モ畧ホ開クレハナリ但シ第十條末項ヲ見合スベシ

他國遊學等ニテ豫備軍滿期二十三歳以上ニテ歸國スルモ其年ヨリ豫備軍ニ入ルヲ要ス但シ代人料ヲ拂フ者ハ此限ニアラス

全國人民二十三歳迄ヲ幼年トシ滿二十三歳以上ヲ丁年トス

第十一條

試撿ハ「ノテール」タルコヲ願フ者ノ現今一ヶ年間續テ住居セシ「プロヴンス」ニ於テシ其「プロヴンス」ノ裁判官二人「プロキュリュールゼ子ラール」或ハ「アウチカゼ子ラール」撿事長ノ次官中ヨ以テ組立テタル試撿掛リノ面前ニ撿事ノ如キ歟テ爲スベシ

此官吏ハ二年間試驗ノ事ヲ執リ行フベキノ委任ヲ受ケシ者トス然レ𪜈其年限ノ終ルヿ再ヒ二年ノ勤續キヲ命スルヿヲ得ベシ

若シ此官吏中一人或ハ二人事故アリテ試驗ノ日ニ出

席セザルキハ「プロヴンス」ノ裁判所上席人他ノ官吏中ヨリ其代人ヲ命スルノ權ヲ有ス

幼者ハ其父母或ハ其後見ノ住所ヲ以テ己レノ住所トス又「シトワイヤン」國人ノ住所ハ其首タル住居ノ地ヲ云フ

若シ願者過シ一年間二個以上首タル住所ヲ有ツキ其試驗ハ其最終ノ住居ノ地ノ控訴院ニ於テナスベシ

此條ノ理ハ「ノテール」願者甲控訴院ノ試驗ニ落第シタルキ全時ニ再ヒ乙控訴院ニ試驗ヲ願出ルヿアル

ヲ防クガタメナリ

一ケ年間トハ縦ヘハ横濱ニ一年半居住スルモノ東京ニ於テ試驗ヲ受ケンヿヲ望ムトキハ更ニ東京ニ居住スル一年ノ後試驗ヲ受ルナリ一年間ノ居住ヲ要スル所以ハ他ニアラス落第シタル者仝時ニ再ヒ他ニ行キ試驗ヲ受クルヲ防クガタメノミ二年間ト定メタルハ或ハ年々一樣ノ問題等ヲ出シ且其事ニ爛熟スレハ反テ弊害ヲ生スレハナリ

第十二條

試驗掛官吏ハ一年兩度五月十一月試驗ノ爲メ集會ヲナス

ベシ

其試驗ヲ爲スノ塲所及ヒ其時限ハ試驗ノ日ヨリ遲クモ一ケ月以前ニ政府ノ新聞紙「プロヴンス」ノ一ノ新聞紙ヲ以テ公告シ且全文ノ公告ヲ其裁判所ノ門前ニ揭示スベシ

法律上ニハ試驗ヲ願フ者ニ試撿ノ期日ヲ通知スルコヲ記セズト雖モ實際ニ於テハ其願者ニ之ヲ通知ス

試驗ヲ願フ者多數アル等ニテ不都合アルトキハ試驗掛ハ已ニ公布シタル試驗ノ期日或ハ其時間ヲ替ヘ

ルノ權アリ

第十三條

試驗ヲ願フ者ハ滿二十三歲以上ニシテ試驗ノ日ヨリ遲クモ二週日以前ニ試驗掛リニ願書ヲ差出スベシ其願書ニハ出産証書ノ拔抄及ヒ第十條ノ第三項ノ證書ヲモ之ニ添ユベシ

大學校ノ法學ノ階級ヲ得シモノハ其證書ヲ出スベシ

此條ニ依ルキハ試驗ヲ受ルヿヲ願フキハ第十條第二項ニ記シタル兵役免除ノ證書ヲ差出スニ及ハス

此條ニ於テハ唯品行證書ト出産證書トノミ記スガ

故ナリ(第十條ノ三項)

第十四條

試驗掛リノ官吏ハ試驗並ニ其題目ヲ定ムル爲メ二人ノ「ノテール」ヲ撰ムベシ

其「ノテール」ハ試驗ヲ受ケタル者「ノテール」ノ任ニ堪ユヘキト否トニ付己ノ意見ヲ述フベシ

試撿ヲ受ル者ハ手數料幷費用トシテ一人ニ付四十「フランク」ノ金ヲ納ムベシ

試撿掛ハ試撿ヲナス前ニ該條ニ記シタル入費ヲ願者ニ拂ハシムルノ權アリ又落第シタルモノト雖𪜈

其入費ハ拂ハサルヲ得ス然レモ試撿ノ期日ニ疾病或ハ他ノ事故アリテ欠席シタル者モ其入費ヲ拂フヘキヤ否ハ此條ニ區別セス然レモ欠席者モ亦其入費ヲ拂ハザルベカラス

立會ヒノ「ノテール」ハ集會ノアル「アロンディスマン」ノ内ニ住スル者ヲ撰フヲ常トス成丈ケ集會ノアル市内ニ住スル者ヲ撰フ蓋シ費用ヲ省クカタメナリ

第十五條

法學ノ階級ヲ得タル者ヲ試撿スルニハ一時間ヨリ短

カヽルヘカラス而シテ「ノテール」ノ現業ノ試撿ノミヲナスヘシ其他ノ者ハ二時間ヨリ少カルヘカラス但シ一時間ハ其法學ヲ試ミ一時間ハ其現業ヲ試ミ孰レモ一人別ニ其試撿ヲナスベシ

實際ニ於テ試撿ハ毎一人別ニ試撿ス

理上ノ試撿ハ口上現業ノ試撿ハ文筆ニテ之ヲナスナリ

法學ノ階級ヲ得タル者ハ法理及ヒ諸法ニ明カナルカ故ニ實際ヲ試撿スルノミ其他ハ法理及ヒ諸法ニ明カナルヲ必スヘカラス故ニ二ツナカラ試

ルヲ要ス

現業ノ試撿ハ試ミラルヽ者ヲシテ證書ヲ認メシメ又ハ問ヲ設ケテ之ニ答ヘシムルナリ試撿ノ時間ハ午前九時ヨリ午後五時マテトス午前三時ハ問題ヲ以テ現業ノヿヲ試撿シ午後三時ハ口上ヲ以テ道理上ノヿヲ試撿ス

「ノテール」ハ試撿者ノ優劣ニ付テハ意見ヲ述フルヿヲ得ルト雖𪜈投票スルノ權ナシ然レ𪜈此權ヲ與ヘテ可ナリ

第十六條

試撿掛リノ官吏ハ試撿ノ上其職ニ適スベシト見極メタル者ニ證書ヲ與フベシ其證書ヲ得タル者ハ王國内何レノ地ニ於テモ「ノテール」タランコヲ願フコヲ得ベシ（第三條第七條見合）

試撿掛ハ試撿ヲ受ケタル者ノ學力「ノテール」ノ職ニ適セザルト見込ムトキハ此條ニ記シタル證書ヲ與ヘス之ヲ與ルハ及第者ノミナリ故ニ落第シタル者ハ再ヒ一年或ハ六ケ月ヲ過キタル後試撿ヲ受クルヲ得ベシ

及第シタル者ハ該證書ノ登記税及ヒ印紙税ヲ拂ハ

サルヲ得ス印紙税ハ一「フランク」登記税ハ一「フランク」六十「サンチーム」ナリ（該證書ノ雛形ヲ見ルベシ）證書ヲ得タル者ハ王國内何レニテモ「ノテール」タランヿヲ願フヲ得ベシト雖モ其欠員アルニアラサレハ「ノテール」トナルヿヲ得ス而シテ願人中ニ於テハ最モ先キニ試撿濟ミニナリシ者ヲ撰フヲ以テ定規トス其「プロヴンス」中ニ於テハ其「プロヴンス」人ノ先ニ試撿濟ミニナリタル者ヲ擇フヲ以テ常トス（全日ニ試撿ヲ受ケタル者アリテ其先後ヲ定ムルヿ難キ片ハ其試撿ノ等級年ノ長少等ヲ以テ之レヲ定ムナリ）蓋シ其地ノ慣習ニ能ク通スルヲ以

テナリ若シ「ノテール」欠員アリテ證人ナキトキハ其新任ヲ撰擧シ又其人員ヲ定メテ上申スルハ試檢掛リノ職分ナリ

第十七條

試檢濟ノ證書ヲ得タル者「ノテール」タランヿヲ願フトキハ出産證書預備軍期ヲ終リタル證書品行ノ證書法學ノ階級ヲ得タル者ハ其證書並ニ試檢濟ノ證書ヲ其願書ニ添テ國王ニ差出スベシ

兵役免除ノ證書ハ無費ニテ渡スナリ

此等ノ證書ハ願人「ノテール」ノ命ヲ蒙ルト否トニ

關セズ本人ニ還シ與フルナリ但シ願書ハ返還セス若シ未タ欠員アラザルキハ其旨ヲ記シタル書面ヲ與フルナリ

本人直ニ願書ヲ國王ニ出スニアラス裁判所ノ「オフヰシエードジユスチス」ノ手ヲ經テ國王ニ出スナリ

第十八條

「ノテール」ノ職ヲ奉シタルキハ其命ヲ受ケシ日ヨリ二ケ月間ニ其居住ノ「プロヴンス」ノ裁判所ニ於テ其奉教ニ從ヒ左ノ誓ヒヲナスヘシ

第一　國王ニ忠信ヲ盡ス事

第二　國法ヲ遵守スル事
第三　官府ヲ尊敬スル事
第四　職務ヲ實直ニ勤メ偏頗ヲ爲サヾル事
第五　「ノテール」規則及ヒ之ニ掛ル向後ノ布告ヲ遵守スル事
第六　法律ニ従ヒ作ル所ノ証書中ノ事柄ヲ他ニ漏泄セサル事
第七　該職ヲ求ムル爲メニ直接或ハ間接ニ人ニ賂ヒ又ハ賂ハント約シタルヿナキ事
本人ノ疾病等事實無已ノ故ヲ以テ誓ヲナスベキノ延

期ヲ願フ者アレハ國王ハ是ヲ許スノ權アリトス

又定期内ニ誓ヲナスコヲ怠ルアレハ自ラ其職ヲ抛棄シタル者トシ更ニ他人ヲ撰擧スヘシ

千八百四十二年五月二十四日ノ法律草按ニハ如何ナル證書ヲ問ハス必ス其事ヲ秘密ニスヘシト記セシカ政府ハ此文ヲ場合ニ依リ秘密ヲ要スルキハ必ス其事ヲ秘密ニスヘシト改正シタリ此條第六ノ文ハ政府ノ改正シタル文ヨリ變轉シ來ル者ナリ

蘭國ニ於テハ宗旨ノ自由ハ建國法ノ許ス所ニシテ他國ノ如ク宗旨ニ因テ人民ト法律トノ關係ノ

差異アラス何レノ宗旨ヲ信スル者ト雖モ法律上ニ於テハ必ス同權ヲ有ス而シテ誓ハ各人ノ信スル宗旨ノ式ニ依リナスナリ

原文ニハ誓ヒ及ヒ約スルノ二字ヲ置ク其故ハ或ル宗旨ニ於テハ誓フヿヲ禁スルヿアレハナリ

第一項ノ國王ニ忠ヲ盡スノ文ハ若シ外患アルトキハ必ス兵役ヲ勤ムルノ意ヲ含ムナリ

延期ヲ要スルトキハ必ス二ケ月間ニ其願書ヲ國王ニ出スヘシ

第十九條

未タ誓ヲナサヾル以前ハ「ノテール」其職務ヲ行フヲ得ス若シ之レニ違ヘハ刑法百九十六條ニ記スル罰金ヲ科セラレ之レカ爲メニ他人ニ損害アレハ又之ヲ償ハサルヲ得ス

「ノテール」ハ未タ己ノ花押ヲ納メスト雖モ誓ヲナシタル後ハ直ニ職務ヲ行フノ權アリ

刑法第百九十六條ニ云ク若シ公ノ官吏誓ヲナサズシテ職務ヲ行フタルトキハ十六「フランク」以上百五十「フランク」以下ノ罰金ニ科スヘシト加之誓ヲ爲サヾル前ニ證書ヲ作リタル「ノテール」ハ囑托人

ニ對シ損害アルキハ之ヲ償ハザルヲ得ス

第二十條

誓ヲナシタル日ヨリ二週間ニ其「プロヴンス」ノ裁判所及ヒ其「プロヴンス」內各「アロンディスマン」ノ裁判所ノ書記局ヘ自分ノ花押ヲ自分或ハ名代人ヲ以テ納ムヘシ若シ之ヲ怠レハ其怠ル日每ニ二十「フランク」ノ罰金ヲ科セラルヘシ

花押ヲ納メタル証ヲ記ス簿册ニハ印紙稅ヲ附セス」

姓名手署ノ花押ト姓名畧書ノ花押トヲ「プロヴンス」ノ裁判所書記局及ヒ「アロンディスマン」ノ裁判所

ニ出スヘシ其故ハ之ヲ公ニシテ不都合ノ無キタメナリ名代人ヲ以テスルトキハ名代人ハ委任狀ト共ニ其花押ヲ出シ本人ナルトキハ裁判所ノ帳簿ニ親カラ記入ス

花押ハ決シテ改ムヘカラサルモノトス若シ事故ニ依リ其花押ヲ改メタルトキハ直ニ裁判所ニ届クヘシ

若シ「ノテール」他「プロヴンス」ニ移住シタルトキハ更ニ花押ヲ差出スヘシ誓ハ爲スニ及ハズ

二週間トハ猶豫ヲ與ヘタルナリ事故ナケレハ誓ヲシタルノ後即日ニ出スモ可ナリ

第三章　証書並ニ其書式正本(ミニユート)副本寫見出帳(レパルトワール)

正本　證書ノ本紙ニシテ「ソテール」ノ保存スルモノナリ

副本　證書ノ寫ニシテ執行式ヲ備フルモノナリ

寫　通常ノ寫

拔抄　證書ノ摘寫

見出帳　裁判官ニヨリ撿印及ヒ番號ヲ附セラレタル簿冊ニシテ證書ノ搜索ヲ便ニスルタメ順序ヲ以テ日々記入スルモノナリ

第二十一條

「ノテール」ハ自分並ニ妻又ハ本系ノ親姻屬ノ親及ヒ三級迄ノ傍系ノ親ノ爲ニハ其本人ト名代人トヲ問ハス

證書ヲ作ルヿヲ禁ス又以上ノ親屬他人ノ名代人タル
トキモ亦仝シ
然レ𪜈前項ノ妻及ヒ親屬公然タル賣買或ハ借貸ニ於
テ「フエルミエ」（田地ノ小作人或ハ借地ニ貸家ヲ建或ハ山林ヲ借リテ樹木ヲ植ル等ノヿヲナス者ヲ云フ）請負人競賣ノ買人及ヒ保證人タルトキハ其始末書
ヲ作ルヿヲ得ベシ又其親屬等集會ノ會員タルトキニ於
テモ其會ノ始末書ヲ作ルヿヲ得ベシ
若シ此規則ニ違テ作リタル證書ハ公正ノ効ヲ失ヒ本
人ノ自署セル者ハ唯私ノ証書ノ力アルノミ且他人ニ
損害アルトキハ之ヲ償ハサルベカラス

傍系ノ等親ノ算ヘ方ハ佛民法第七百三十八條ニ記シアリ之ニ依ルトキハ兄弟ハ二等伯姪ハ三等從兄弟ハ四等ナリ

「ノテール」ノ面前ニ出席スル人々ヲ「コンパラン」ト云フ(即出席人ノ意ナリ)

名代人ノ身分ニテ「ノテール」ニ證書ヲ請フト雖モ委任狀ヲ有ツニアラズンバ名代人ト看做サス

貴族領ノ支配人其領地ヲ販賣スル等ノ事ニ付テ證書ヲ「ノテール」ニ託スルトキ其地ノ所有者「ノテール」ノ親族タリトモ其證書ヲ作ルヲ得ベシ(千八百四十五年

九月二十日「ミニストルドラジュスチス」ノ決議
二項ノ始末書ニハ「ノテール」ハ買手ノ呼ヒ直ノ最モ高直ナルモノヲ記スガ故ニ此ノ呼ヒ直ハ如何ナル人ヨリナスモ嫌疑ナシ（千八百四十二年法律説解）
第七十三條ニ於テ此條ノ違規ニ依リ生スベキ事ヲ記ス
競賣競貸入札等ノ事ニ於テ第一項ニ記シタル妻及ヒ親屬其買人借人「フヘルミエー」請負人證人トシテ證書ヲ求ムルヿヲ云フ蓋シ事皆公ナルガ故ニ「ノテール」ニ其證書ヲ作ルベキヿヲ許シタリ

末項損害ノ償ハ大抵裁判所ノ手ヲ經スシテ被害者ト「ノテール」相對ニテ濟マスヿヲ慣習トス雙方協議ナラサルトキニ及テ裁判所ニ於テ之ヲ判ス

第二十二條

「ノテール」其作ル所ノ證書ニ付テハ自分並ニ證書ニ記名ノ證人ハ勿論其妻及ヒ本系ノ親姻屬ノ親三級迄ノ傍系ノ親ノ爲メニ利益トナルヿヲ記入スベカラス

若シ此規ニ違フタルトキハ其違規ノ分ヲ除キテ全證書ヲ廢スルニ及ハス然レ𪜈民法中ニ定ムル所ノ遺囑贈遺ノ條ト相觸ルヽヿナカレ

此條ハ身上證人ト證書證人トヲ區別セス千八百六年裁判所ノ或ル判決ニ於テ身上證人ハ囑托人ノ相識ルヿヲ證スル者ナルガ故ニ出席人ト定メタリ

前條違規ノ如キハ其證書全ク公正ノ効ヲ失フト雖モ此條ハ利益ノ爲メ書入タル分ヲ除ケハ全證書ハ其効ヲ有スルモノトス

記入ハ私ニ記入スルニ非ス證書ヲ頼ム本人ノ意ニ出ツルモノト雖モ其効ナシ

本人自筆ノ遺囑贈遺等ノ書中利益ノヿヲ記シアルモノ（蘭民法九百五十四條見合セ）又ハ其他ノ封

シテ「ノテール」ニ預ケタル書類中記入シアルモノハ假トヒ「ノテール」其預リ證書ヲ作ルト雖𪜈此限ニアラス

若シ「ノテール」ノ作リタル證書中販賣ヨリ生スル代金ハ「ノテール」受取ルヘシトノ如キ一條ヲ記入シタル𪜈此一條ニ付別ニ「ノテール」ノ利益トナルヿナキ𪜌ハ此記入シタル箇條ハ効アルモノトス然レ𪜈「ミニストルドラジュスチス」千八百四十七年七月十二日ノ布達ヲ以テ該一條ノ如キハ効ナキ者ト定メタリ又千八百五十七年四月二十八日ノ

或ル判決ニ於テハ「ノテール」タル者ハ販賣ヨリ生スル代金ハ「ノテール」受取ルベシトノ一條ヲ證書ニ記スル𪜈効ナキモノニ非スト定メタリ蓋シ此判決ハ慣習ニ依リ之ヲ法トシタルナリ
又若シ「ノテール」或無名會社ノ株主トナリタル𪜈此會社ノ延期願ヒ證書ハ之ヲ作ルヲ得ベシ
何レノ證書タリ𪜈「ノテール」ノ利益トナルベキ事件ヲ記シアルトキハ必ス如此キ證書ハ裁判所ノ手數トナルベキモノナリ故ニ「ノテール」ハ如此キ事ナカランヿヲ豫防スヘシ

第二十三條

「ノテール」ハ證人ノ員數ニ付テ別段（秘密遺囑書ヲ預ル時等ヲ云フ）ノ定メノ外ハ必ス證人二人ノ面前ニ於テ證書ヲ認ムベシ其證人ハ「ノテール」ノ識面ノ者ヲ用ユベシ若シ「ノテール」ノ識ラサル者ナル時ハ證書ノ本人ニテ其人ヲ證シ其由ヲ證書ニ記載スベシ

其證人ハ丁年以上ノ男子孰レモ蘭國ニ居住スル者ニシテ自ラ名ヲ記シ且證書ノ言辭ヲ了解スルニ足ル者ヲ用井ベシ

「ノテール」ハ證人タルモノヲ識ルヲ要ス然レモ唯其

人ハ某人ニ相違ナキコト其人ノ證人トナルベキ分限ヲ有スルコトヲ知ルトキハ其人ヲ識ルト謂フヘシ」

出席人ハ證人ノ身ヲ證スルヲ得ヘシ此場合ニ於テハ「ノテール」出席人ヲシテ證人面識ノ事ト其證人ノ證人トナルヘキ分限ヲ有スルヿヲ證セシムヘシ

證人ハ己ノ姓名ヲ手署セザルヘカラス

此條ハ證人ノ事ニ佛民法第九百七十五條ヨリ第九百八十條迄テノ條ヲ補フ者ナリ(蘭民法九百九十一條)

此條ノ定規ニ違フタル證書ハ公正ノ効ナシ

佛國ニテ證書ハ證人二人「ノテール」一人或ハ證人ナク「ノテール」二人ニテ之ヲ作リ蘭國ニテハ「ノテール」一人證人二人ノ立會ニテ之ヲ作ル秘密遺言證書ノ證書ノ證人ハ蘭國ニテハ四人佛國ニテハ六人ナリ(民法九百七十六條見合)

慣習ニ於テ囑托人自ラ證人ヲ擇バズシテ「ノテール」ニ依賴スルモノ多キカ故ニ「ノテール」常ニ證人タルヘキ者ヲ定メ置キ依賴人アルトキハ其証人ヲ出スナリ然レモ囑托人ヨリモ證人ヲ擇フコヲ得

但シ此場合ニ於テハ証人タルモノハ「ノテール」ノ

面識タル者カ或ハ囑托人ヨリ之ヲ証スルヲ要ス

第二十四條

「ノテール」並ニ証書本人ノ本系ノ親姻属ノ親及ヒ傍系三級ノ親迄ト「ノテール」ノ從僕等トハ證人ト爲ルヲ得ス

若シ此規ニ違フトキハ其證書ハ公正ノ効ヲ失ヒ本人ノ手署アルモノハ唯私ノ證書ノ力アルノミ若シ之カ爲ニ人ニ損害アルトキハ「ノテール」之ヲ償フヘシ但シ遺囑贈遺ノ證書ノ證人ノ規則ハ此限ニアラス

若シ第二十三條ノ第一項ニ記載スル所ノ式ヲ行ハサ

ル𪜊ハ二十「フランク」ノ罰金ヲ科セラルヘシ
然レ𪜈證書ノ本人若シ公然タル賣買貸借ニ於テ「フヱルミヱー」請負人競賣ノ買人保證人又ハ集會ノ會員タル𪜊ハ前項ノ妻並親屬ハ其證人タルヿヲ得ヘシ
出席人ノ從僕ハ其證人トナルヲ得ヘシ
此法草按ノ說解中ニ於テ政府ノ論ハ證人トナルヿ能ハサル者ヲ示スヲ必要トセスト又取除ノ塲合ハ此法中ニ記セスト雖𪜈他ノ法ヲ以テ之ヲナスヲ得ヘシ故ニ或人二十三條ニ記シタル分限ヲ有スト雖𪜈裁判所判決或ハ他ノ法令ヲ以テ其人ヲ證人トナ

ルヿ能ハサルモノトナスヲ得又不能力者ニ於テモ亦全シトス又法ハ豫定スルヿ能ハサル塲合ヲ強ヒテ豫定セント望ムヘカラスト

左ノ人々ハ證人トナルヿヲ得ス其一本系ノ親姻屬ノ親傍系ノ親ハ三級迄但シ贈遺ノ事ニ付テハ四級迄ナリ其二徒刑ニ處セラレタル者其三婦人其四幼者癈疾ノ者其五「ノテール」ノ僕

佛國ニハ筆生ハ從僕ト全様ニ見做シ證人タルヲ禁スレモ蘭國ニテハ筆生ハ證人タルヲ許ス蓋シ僕從ト全様ニハ視做サヽルカ故ナリ

「ノテール」ノ證書ハ多ク筆生ニ認メサセ自分ハ證人ノ面前ニ於テ唯手署スルノミ他ニ出テ認ムルトキモ筆生ヲ連レ出張スルヲ常トス

第二項證書ニ本人手署スル者ハ唯私ノ力有レトモ遺囑ノ證書ニ付テハ手署アルモノト雖トモ盡ク證人等ノ手續ヲ經サレハ公正ノ効ナキノミナラス私ノ證書ノ力モ失ヒ即無効ノ者トナルナリ

第二十五條

證書ノ本人「ノテール」ノ平日面識ノ人ナルトキハ證人ヲ用ヰス尤其旨ヲ證書ニ記入スヘシ若シ「ノテール」ノ識

ラサル人ナルトキハ己ヲ証スル爲メ第二十三條末項ノ規ニ適シタル二人ノ證人ヲ立ヘシ其證人ハ本人ノ親屬タリトモ妨ケナシトス

「ノテール」ハ證書中記名スト雖トモ出席人ナラサル者例ヘハ土地舊所有者ノ名ヲ記入タルトキノ如シ及ヒ代理人ノ本人ハ盡ク相識ルヲ必要トセス

「ノテール」ハ出席人面識ノ事或ハ身上證人ヲシテ出席人ヲ證セシメタル事ハ必ス證書中ニ附記セサルヘカラス

千八百二十七年或ル判決ニ於テ「ノテール」面識ナキ

者ニ證書ヲ作リ渡シタルハ失錯ナルヤ明ナリ然レモ此事ニ付損害ヲ生スト雖モ全ク「ノテール」ノ不注意之レカ原因トナラサルトキハ其責ニ任セスト定メタリ

又千八百二十八年或ル判決ニ於テ「ノテール」自己ノ不注意全ク損害ノ原因ニ非ラサルヿヲ證スル能ハスシテ遂ニ損害ヲ償フヘシト言渡サレタルヿアリ

證人ニ二種ノ別アリ一ヲ「テモアンヱンストリユマンテール」ト云フ證書ニ付テノ證人ナリ第二ヲ「テモアンアテスタン」ト云フ人ヲ證スル證人ナリ

故ニ場合ニ依テハ一事ニ付二種ノ證人四人立會フヿアリ第二十三條ハ證書ノ證人ヲ記シ此條ハ人ヲ證スル證人ヲ記スルナリ

蘭國ニ於テハ此事ニ付二說アリ其一ニハ證書ノ證人ハ必ス「ノテール」ノ面識ノ人ヲ要シ又人ヲ證スル證人モ「ノテール」面識ノ人ヲ要スト云ヒ其二ニハ人ヲ證スル證人ハ「ノテール」面識ノ者ヲ要セスト云フ前說ヲ可トス何トナレハ「ノテール」ニ於テ面識ナキ𪜈ハ何ヲ以テ其證人ノ言ヲ信セン

本條ニ其證人ハ本人ノ云々トハ人ヲ證スルニ付

テハ反テ親戚ノ者ヲ善トスレハナリ

第二十六條

總テ證書ニ必ス記載スヘキ件左ノ如シ

「ノテール」ノ姓名住所

證書ヲ頼ム者本人或ハ名代人ノ姓名職業免許ヲ得テ納税スル職業ヲ云フ「ポジシヨンソシヤール」身分及ヒ免許ヲ得テ納税ニ及ハサル職業トヲ云フ及ヒ住所

名代人ナルトキハ其本人ノ委任狀ヲ持シヿ並ニ本人ノ姓名又知ルヲ得ヘキニ於テハ其職業「ポジシヨンソシヤール」及ヒ住所

證人ノ姓名職業「ポジションソシヤール」及ヒ住所

證書ヲ作リシ場所ト其年月日

「ノテール」前條及ヒ此條ノ規則ニ違フキハ各事ノ一件每ニ二十「フランク」ノ罰金ヲ命セラル若シ場所及年月日ヲ記載セサルキハ罰金ヲ出セシ上其證書ハ公正ノ効ヲ失ヒ本人ノ手署アルモノハ唯私ノ證書ノ力アルノミ

「ノテール」己ノ住所ヲ記スキハ「アロンディスマン」名或ハ「プロヴシス」名ハ記スルニ及ハスト雖モ名ノ廣ク通セサル場所又ハ他ニ同名アル場所ニ住セル「ノテ

ール」ハ其「アロンディスマン」名或ハ「プロヴンス」名ヲ記スヲ善シトス

「ノテール」ハ出席人ノ姓名ニ其求メニヨリ「ルペール」「ルフイス」等ノ語ヲ書キ加フヿヲ得ヘシ我國ノ息子、父、二男ト書ス等ノ如キカ

千八百二十二年ノ法令ニ於テ「ノテール」ハ囑托人ノ爵名ヲ記スヘシト定メタリ

千八百四十三年ノ或ル判決ニ依ルトキハ所有者又年資金ノ權ヲ得タル者等ノ名稱ヲ記スハ其人ノ「ポジションソシヤール」ヲ記スヿナリ又婚姻シタル女ニ

シテ職業ナキモノニハ某ノ妻ト記スレハ即チ其女ノ「ポジションソシヤール」ヲ記スヿナリ一千八百四十五年參議院ノ議决ニ登記局ノ官吏ハ嘱托人及證人ノ職業又ハ「ポジションソシヤール」ヲ證書ニ記スルヿハ「ノテール」ノ職務タルヿヲ决テ忘ルヘカラス而シテ其官吏自ラ何某ハ何職業ヲ為ス者又何某ハ何「ポジションソシヤール」アル者タルヿヲ承知スルヲ要セストアリ

或ル公正ノ證書中ニ左ノ通嘱托人ノ姓名ヲ記セシモノアリキ

「ジヤン、ジヤツク、ピイエル、モルドル」ジヤン、ジヤツク、ピイエル、ハ三人ノ名、モルドル、ハ其姓ニシテ蓋三人全姓ナリ故ニ當サニジヤンモルドル、ジヤツク、モルドル、ピイエルモルドル、ト三人各別ニ姓名ヲ記スヘキナリ我日本ニ取テ之ヲ譬フルトキハ山崎五郎、三介、長吉、ト云フ如シ蓋シ其姓全シト雖モ三者各別人ナルヲ以テ山崎五郎、山崎三介、山崎長吉ト記スルコソ的當ナレ

右ノ記法ハ決テ法ニ戻ラサルヿヲ議決セリ何トナレハ法律ニハ唯姓名ヲ記スヘシトアルノミニテ之ヲ記スルノ方法如何ヲ論セサレハナリ

一千八百四十九年ニ迄リテハ「ノテール」其他公ノ官吏ハ囑托人ノ營業免許狀ヲ撿閱シ囑托人ノ之ヲ受取タル日附ト其番號ヲ證書中ニ記載スヘキノ法令

ヲ出セリ

代理者ニ於テ其委任者ノ姓名職業ヲ知ルヿヲ證書ニ記載スルヲ必要トセル𪜈「ノテール」之ヲ怠リタル𪜈ハ則チ規則ニ戻レリトス（但シ代理者其委任者ノ職業姓名ヲ知ルヲ「ノテール」之ヲ證書ニ記スルヲ要スルヿハ例ヘハ負債者ニ於テ其負債ノ元額及ヒ利足ヲ償辨スル能ハサルニ付キ其抵當ノ不動産ヲ賣拂フヿヲ債主ニ允シ債主代リテ其不動産ヲ賣拂フ場合ニ係ル）原文蘭文不了ニテ適譯ヲ得カタシト云フ

證書ヲ作リタル場所ヲ記スルニハ只其「ヴイル」ヲ記

シテ足レリトスヘシ例ヘハ「アムステルダム」（蘭國ノ首府）ニ於テ之ヲ作リ之ヲ讀聞セル云々ノ如シ然レモ願クハ細詳ニ其場所ヲ記スルヲ可トス即チ左ノ如シ

前ニ記スル所某年某月日某「ヴィル」某町何番地某「ノテール」役局ニ於テ之ヲ作リ之ヲ讀聞セル云々

或ハ

前ニ記スル所某年某月日某「ヴィル」某町某番地何某ノ宅ニ於テ之ヲ作リ之ヲ讀聞セル云々

斯ク詳細ニ記スルトキハ爾後或ハ證書ノ事ニ付キ爭

論アランキニ當リテ其證人ノ臆想ヲ起スニ便アリ」一千八百二十五年「クールドカッサシヨン」我大審院ノ如シ決議ニ「ノテール」ハ證書ヲ作リタル家宅ヲ記スルニ不及唯證書ヲ作リタル「コンミユン」ヲ記スルノミヲ以テ法律ニ適ヘリトス何トナレハ「ノテール」其管轄場所内ニ於テ證書ヲ作リタルノ證アレハナリトアリ身分トハ「ブルメートル」學校教師或ハ金利ヲ取リ活計ヲスル者亦之ニ入ル即職業ニ反シタル言ナリ

職業及ヒ身分全クナキモノハ亦其事ヲ證書面ニ

書スヘシ
蘭國ニテハ免許律ニ醫師代言人（アツチカー）ナシ此二ツハ試撿ヲ受クレハ何時ニテモ開業スルヲ得ルナリ
名代人ナルキハ本人ノ職業住所等ヲ記スヘシ若シ知リ得サレハ記スルニ及ハス
遺囑證書ニハ證書ヲ認メシ場所及ヒ日附ヲ記スルノミナラス其時ヲモ記スルナリ蓋シ遺囑書ニハ日附ヲ認ムルフ尤關係アレハナリ又婚姻ノ證書ニハ其證書ヲ認メシ時限ヲ記スハ必要トス但婚姻ヲ其證書ヲ記シタル同日ニ取リ行フフナキ

𪜈其之ヲ記スルヲ必要セス又民生官吏ハ其證書ニ婚姻ヲ取行フ𪜈ヲ記スナリ
嘗テ蘭國ニテ遺囑書ヲ認ムル𪜈「ノテール」認メ終リ座中關係ノ者ハ自署ヲ濟マシ「ノテール」自署セントスルニ及テ頓死セリ其子「ノテール」タリシ故父ノ名前ニテ自署シタレ𪜈其證書ノ効ナキノミナラス其子ハ僞造ノ科ニ當テラレシヿアリ故ニ如此キ時ハ更ニ遺囑書ヲ認メサルヲ得ス
年月日ト場所トヲ脫記スレハ公正ノ力ナシ職業姓名ノ脫記ハ罰金ノミニテ公正ノ力ハカハルヿ

ナシ

證書ノ趣意ヲ本人ニ讀聞セ承諾ノ上ナレハ後ニ間違アリテ之カ爲ニ損害アルモ「ノテール」ハ關係ナシトス

年月日ヲ遺忘シ雙方損害アルキハ「ノテール」其償ヲ擔當ス但此證書ハ公正ノ効ナキモノトナル故書直シノ入費モ亦擔當スヘシ

實際上ニ於テハ日附ヲ記入セサルヿハナキ筈ナリ何トナレハ契約ノ文ハ皆日ヨリ書起スモノナレハナリ

第二十七條

「ノテール」ハ免許狀ノ規則ニ依テ自分ノ住スル「ヴイル」免許ヲ得タル場所ヨリ繁盛ナル上等ノ「ヴイル」ニ往テ事務ヲ行フキハ其免許狀ヲ所持セルコヲ證書ノ上端ニ記載スヘシ如シ此規ニ違フキハ其上等ノ場所ノ免許税一ケ年ノ高ヲ拂フタル外ニ其規ニ違フ毎ニ五十「フランク」以上八百「フランク」以下ノ罰金ヲ科セラルヘシ

「ノテール」免許狀ヲ得テ其住所外ニ於テ職務ヲ行フキ證書ニ住所外行務免許狀ヲ所持セル旨ヲ記スル書式左ノ如シ

拙者本年某地ニ於テ職務ヲ行フニ付キ某年月日第何號ヲ以テ下渡シノ住所外行務免許狀ヲ受取タル事

或ハ

拙者本年某地ニ於テ職務ヲ行フニ付キ住所外行務免許狀下渡願ノ證據トシテ收税局ノ上申書ヲ受取タル事

一千八百四十五年「クールドカッサション」ノ決議ニ住所外行務免許狀下渡ノ年月日並番號ヲ記スルハ無要ニ屬ス只之ヲ受取タル旨ヲ記シテ足レリトア

リ然レモ實際ニ於テ必其年月日番號ヲ記スルナリ

千八百二十三年四月六日ノ法〔千八百十九年五月二十一日布告免許税條例ヲ増補シタル者〕ニ附シタル免許税表ニ依ルトキハ「ノテール」ノ免許税ノ高ハ其取扱フ事務ノ多少ニヨリ之ヲ計算ス而シテ其事務ノ高ヲ六列ニ區分シ又各列ヲ十四等ニ分ツ即チ左ノ如シ

免許税表

諸邑ノ列

等級	第一列		第二列		第三列		第四列		第五列		第六列	
位	フロラン	サンチーム	｜	｜	｜	｜	｜	｜	｜	｜	｜	｜
一	一九〇		一六六		一二六		八七		六四		五〇	
二	一四五		一二八		九六		六七		五〇		四〇	

三	一一〇		九六		七三		五一		四〇		三〇	
四	八三		七二		五五		三九		三〇		二三	
五	六二		五三		四一		三〇		二三		一八	
六	四五		三九		三〇		二三		一七		一三	
七	三三		二九		二三		一七		一二		九	
八	二三		二〇		一七		一二		九		六	五〇
九	一七		一五		一二		九		六		四	五〇
十	一二		一〇		九		六		四		三	五〇
十一	九		七		五	五〇	四		三		二	五〇
十二	五		四	五〇	四		二	五〇	二		一	六〇
十三	二	五〇	二	三〇	一	八〇	一	三〇	一			八〇
十四	一	六〇	一	五〇	一	二〇		八〇		六五		五〇

「ノテール」ノ税ハ三ケ月毎ニ納ムルヲ定則トス然レモ一ケ年分ヲ年ノ始ニ全ク納ムルモ苦シカラス

一事件ノ爲メニ既ニ上等ノ場所ノ一年ノ増税ヲ

納メタル杵ハ其場所ニ於テハ其年內ニ限リ幾事件ヲモ取扱フヲ得ル

第二十八條

「ノテール」ノ作ル證書ハ書體明瞭文意平易ニシテ人ノ讀易カランヲ要ス又字行ノ間ニ空白ヲ存スヘカラス又語ヲ畧用スヘカラス但政府ノ「オルドル」命令若クハ其許可ヲ得テ印行スル書類ハ此限ニアラス若シ字行ノ間空白ヲ存セサルヲ得サル杵ハ他日ノ諸入ヲ防ク爲メニ本人未タ手署セサル前ニ其間ニ線ヲ引クヘシ

物數及ヒ年月日ヲ書スルニ其數ハ必ス言葉ヲ以テシテ數字ヲ用ヰヘカラス其見易カラン爲メニ其數字ヲ書キ添ヘ置クハ妨ケナシ

「ノテール」如シ此規ニ違フアレハ各一件毎ニ二十「フランク」ノ罰金ヲ命セラルヘシ

畧式委任狀ハ委任ヲ受クル者ノ姓名ヲ書セスシテ之ヲ渡スヲ得ヘシ本式委任狀ニハ其名ヲ畧書スルヲ得ヘシ若シ知ルヲ得ヘキニ於テハ其職業或ハ「ポジションソシヤール」及其住所ヲ記スヘシ

證書ヲ作ルニ字行全一ニシテ明瞭ナルヿヲ要スル

ハ書加ヘ又ハ贅語ナク單一無薦ノ證書ヲ作ラシメンカタメノミ

餘白ヲ存スルヲ得ルハ唯證書ノ欄外ノミニシテ此欄外ニハ追加ノ文ヲ記スヲ得ヘシ

追加ノ文中ニモ亦空行餘白等ヲ存スルヲ許サス

黑線ハ書加ノ出來サル樣之ヲ畫スヘシ

不動産ノ番號ハ數字ヲ以テ記スルヲ得ヘシト雖モ物品ノ員數尺度、金錢ノ高、年月日等ハ必ス文語ヲ以テ之ヲ記スヘシ

印行シタル書式トハ或ハ要償ノ書或ハ公立會社

或ハ私立會社等ノタメ官許ヲ得テ印刷シタル書類ナリ而テ此書類ハ常ニ「ノテール」ニテ備置キ入用ノ時必要ノ文字假トヘハ姓名日月ヲ塡スル等ナリ

數字ヲ書添ルハ金穀等計算ニ便ナラシムルタメナリ

委任狀ニ二種アリ

一ヲ「マンダーアンブルベ」ト云フ畧式ノ委任狀ナリ本紙ノ儘渡スモノナリ

一ヲ「マンダーミニート」ト云フ本式ノ委任狀ナリ

本紙ヲ「ノテール」預リ置クモノナリ

二種ノ用ハ輕重ナシ本人ノ望ニ任ス

署式ノ委任狀ニ姓名ヲ書セスシテ渡スハ委任ヲ受ルモノ末タ定マラサル片後ニ姓名ヲ書入ルヽニ便ナラシムルナリ

「ノテール」本式委任狀ヲ認メタル片若シ其本人代理人トナルヘキ者ノ姓名等ヲ知ラサル片ハ其旨ヲ委任狀ニ記入スヘシ

第二十九條

證書ハ各人ノ望ム所ノ國語ヲ以テ記スルヲ得ヘシ但

シ「ノテール」ハ其國語ヲ能ク了解シ得サルヘカラス
自筆ノ遺囑證書ノ預リ證書ト秘密ノ遺囑證書ノ預リ
證書ト公ノ遺囑證書ハ皆遺囑者陳述スル所ノ語ヲ以
テ認ムヘシ
本法二十三條ニ證人ハ必ス證書ノ言辭ヲ解スルヲ
要スルヿヲ云ヘリ
一千八百二十九年ノ法令ニ於テ外國語ヲ以テ證書
ヲ作リタルキハ登記局ノ官吏ハ誓ヲ爲シタル通辨
役ヲシテ其飜譯書ヲ差出サシムルヿヲ許セリ又「ノ
テール」ハ證書ヲ飜譯スヘキノ言語ヲ解スルニ於テ

ハ其公正ノ飜譯書ヲ渡スコトヲ得ヘキヲ定メタリ他國人ト雖モ正本ヲ留置ク證書ヲ蘭「ノテール」ニ依頼スルトキハ必蘭國ノ法ニ從カハサルヲ得ス他國ニ用井ル委任狀其他ノ證書ニ於テハ本國「ノテール」ノ手署ハ他國人得テ其眞僞ヲ知ルヘカラス故ニ其手署ヲ其裁判長官ニテ證シ「ミニストルドラジュスチス」ハ裁判長官ノ手署ヲ證シ「ミニストルデ「ザフェル「ゼトランゼール」外務事務執政又「ミニステールドラジュスチス」ノ手署ヲ證シ而メ其證書ヲ使用スヘキ公使又之ヲ證スルナリ

遺言證書ヲ作ルニハ遺言者ノ述ヘタル言語ヲ以テスルヲ要ス且他ノ二種ノ遺囑證書ノ預リノ證書ハ遺囑書ヲ書キタル言語ヲ以テ作ルヲ要ス若シ然ラサルキハ其證書ハ無効ノ者トナルナリ其他ノ證書ハ依頼人ノ望ニ任セ作ルヲ得ヘシ

第三十條

「ノテール」ハ證書ヲ書キ了リシ後朗讀シテ之ヲ出席人ヘ聞カセ直ニ手署セシム若シ本人親ラ其名ヲ記スルコヲ知ラス或ハ能ハサルキハ乃チ其由ヲ附記スヘシ」

一證書中數事件ヲ記シ數人ノ本人又ハ證人ニテ各其

關係ヲ異ニスル𪜈ハ「ノテール」ハ各人每ニ其關スル所ノ條ヲ讀ミ聞カセ直ニ其條下ニ手署セシメ又其讀聞カセシヿト手署シタルヿヲ其條下ニ附記スヘシ

凡テノ證書ニハ第二十五條ニ記シタル證人幷「ノテール」手署スヘシ

若シ此規ニ違フ𪜈ハ其證書ハ公正ノ效ヲ失フ本人ノ手署アル者ハ私ノ證書ノ力アルノミ

凡テ證書ニハ出席人ニ讀聞セ且其手署セシ事ヲ附記スヘシ若シ之ヲ附記セサル𪜈ハ二十「フランク」ノ罰金ヲ科セラルヘシ

「ジュウジドペー」ノ立會ニテ幼者ノ關係スル所ノ遺物分派ノ證書ヲ作ルトキハ「ジュウジドペー」ハ出席人ト同視セラルヽナリ

不動產競賣ニ於テ價付ケヲ爲セル者ハ各競賣始末書ニ手署セサルヲ得サルカノ疑問ニ付キ一千八百四十四年參議院ノ議決ニ價ヲ付ケテ其價ニ落シ得サル者ハ買者ニアラス故ニ競賣證書ニ手署スヘカラス然レトモ再度ノ競賣（ワントオーラベー）（再度ノ競賣トハ一度競賣ヲ爲セシニ其競價賣主滿足セサルトキハ尚高價ヲ得ンカ爲メ假リニ買ヒ主ヲ立テ更ヲ行ニナス所ノ競賣ヲイフ(下ノ割注ヲ參觀スヘシ)）フ前ニ當リ初度ノ競賣ニ最貴キ競價ヲ付ケ報酬金（プリイム）

ヲ受取タル者ハ眞ノ買主ト共ニ證書ニ手署セサルヲ得ス報酬金トハ競賣ヲナサントスル者殊更ニ競價ヲ引上ンカタメニ競賣物件ノ價ニ應シ若干金ヲ以テ報酬金ト定メ最貴キ競價ヲ付タル者ニハ其報酬トシテ此金員ヲ與フヘキヲ約束ス即チ賣主此金ヲ以テ買主ヲ餌スルナリ報酬金ヲ受取タル者トハ則初度ノ競賣ノ時ニ當リ最貴キ競價ヲ付ケタルヲ以テ約東ニ從ヒ賣主ヨリ右報酬金ヲ受クヘキ買人ヲイフ賣主報酬金ヲ以テ買人ヲ餌シ競價ヲ引上タリト雖モ未タ滿足セス尚一層高價ヲ以テ物件ヲ賣拂ント欲スル片ハ則最貴キ競價ヲ付ケ報酬金ヲ得ヘキ者ヲ以テ假ノ買主ト定メ更ニ再度ノ競賣ヲ爲スニ果テ假ノ買主ヨリ一層高キ競價ヲ付タル者アリテ賣主滿足スル片ハ眞ノ買主定マリテ假ノ買主ハ唯タ報酬金ヲ得ルノミ然ルニ再度ノ競賣ニ於テ前キニ假ノ買主ノ付タル競價ヨリ高キ競價ヲ付ル者ナキ片ハ假ノ買主ハ眞ノ買主トナリ報酬金ト物件ト併セテ之ヲ受取ルヘキナリ此ニ注意スヘキハ初度競賣ト再度競賣ノ差別ナリ初度競賣ノ仕方ハ一ノ價段ニ基キテ次第ニ之ヲ競上ルナ

リ例ヘハ一ノ家屋ヲ售ンニ賣主ヨリ言出シ價ヲ千五百圓ト定メ次第ニ競上ケ遂ニ二千圓カ又ハ二千二三百圓ニ至ルベシ再度競賣ノ仕方ハ之レニ反シ賣主ハ最高ノ價段ヲ立テ次第ニ競下ルナリ故ニ再度競賣ハ原語ニテ之ヲ「ワント、ア、ラベー」ト云フ下ケ競賣ト譯スベシ再度競賣ハ其異譯ナリ例ヘハ先キニ二千圓ノ價ヲ付ケタル者ヲ假ノ買主ト定メ置キ（前文ニ詳ナリ）テ再度競賣ヲ始メ此度ハ右家屋ノ言出價ヲ三千圓ト定メ次第ニ競下ケ二千五百圓或ハ二千三四百圓ニ至ルナリ

出席スル者啞又ハ聾ナル時ハ「ノテール」ハ先ツ規則ニ從ヒ之ニ證書ヲ讀聞カセ又親シク證書ヲ讀マシムルタメ之ヲ啞及聾ニ渡シ與フヲ以テ足レリトス而テ證書ヲ讀聞セシト其承諾セシトノ旨ヲ證書ニ記附ス

若シ出席スル者聾ニシテ字ヲ知ラサル𪜈ハ「ノテール」ハ之ヲシテ其意ヲ吐露セシメ又手署スル能ハサル旨ヲ申述セシム而テ字ヲ知ラサル旨ト手署スル能ハサル旨ヲ證書ニ記附ス

聾ニシテ字ヲ知ラス又動作ニ倚ラサレハ其諾否ヲ示シ能ハサル者ハ己レヲ悟スヘキ動作ニ慣レタル者ヲ伴ナヒ證人ノ面前ニ於テ姓名手署能ハサル旨ヲ「ノテール」ニ通スルナリ

右等ノ事ハ法律ニ於テ定メス唯「ノテール」ノ心ヲ用ヰルニ在ルノミ

「ノテール」ハ法律ニ定ムル所ノ手署ノ規則ニ違フト雖モ罰金ヲ科セラルヽナシ出席人ノ中手署セサリシ者ハ義務ヲ行フニ及ハス尤モ手署セント欲シテ能ハサル旨ヲ申述セシ者ハ然ラス手署セント欲シテ能ハサル者ニ二ノ場合アリ其一字ヲ知ラサルヲ以テ手署スル能ハサル一其二病痾又ハ痍傷アルヲ以テ手署スル能ハサル一此兩旨ハ證書ニ附記スヘキモ義務ヲ行ハサルヲ得ス

且此等ノ旨ヲ付記スルキハ出席人ハ假令ヒ手署ナ

一千八百三十一年「グレノーブル」佛國首府ノ裁判所ノ

裁決ニ遺言證書ヲ作リタル「ノテール」之ヲ遺言者ニ讀聞ケタル旨ヲ記附スル丁ヲ忘却セシヲ以テ證書關係者ニ對シ損害ノ償ヲ爲スヘク遺言證書ハ無効ナル旨ヲ言渡サレタリ

秘密遺囑證書ノ預リ證書ノ丁ニ付テハ民法第九百七十六條ニ於テモ定メアリ

此正條ニハ讀聞セテ直ニ手署スルナリトアレモ實際ニテハ直ニ手署スルニアラス讀聞セテ未タ手署セシメサル前ニ證書中ニ書加ヘ或ハ取消或ハ書直ス等ノ事アルナリ又本人等エ彼是注意ノ

タメ證書本文ヲ說キ聞セルヿアリ
證書中本人又ハ證人數事件ニ付關係ヲ異ニス云々例ヘハ遺物目錄證書ニ付テハ評價人ハ其遺物ヲ評價シタル後直ニ手署ス又始末書ノ如キニ至ツテハ諸關係人其證書ノ全ク作リ終ル迄立會ニ及ハス故ニ如此キ場合ニ於テハ「ノテール」ハ各人ニ其關係アル分ツヽヲ證人ノ面前ニテ讀聞カセ而シテ各人モ各亦其事ノミニ手署スルナリ且ツ「ノテール」讀聞セシヿト手署セシヿトヲ記入スヘシ

人ヲ證スルノミニ關シタル者ナレハ二項ノ例ニ倣ヒ最初ニ人ヲ證シ而シテ手署スレハ其關係ノコハ濟マシタリ因テ直ニ退テヨキ譯ナリ他事ノ終ル迄留ルハ無益ナリ

第三十一條

遺物目錄或ハ證書及ヒ事實ノ始末書ニ出席人ノ内若シ其手署スル事ヲ拒ミ或ハ手署セスシテ去リシ者アラハ「ノテール」ハ其事由ヲ證書ノ末尾ニ記載スヘシ若シ出席人舉テ手署スルヲ拒ムトキハ證書成ラス故ニ「ノテール」及ヒ證人ノ手署ヲ要セス然レ圧若シ出

席人ノ中手署スル者一二人アリテ「ノテール」及ヒ證人ノ手署ヲ請フトキハ「ノテール」及ヒ證人ハ手署セサルヲ得ス

若シ手署ヲ拒ムノ事由證明セラレサルキハ出席人ノ中何某ハ手署シ其他ハ拒ミタル旨ヲ唯簡單ニ記附シテ足レリトス

遺物ノ目錄書或ハ相續分配ノ證書ニ付テハ關係人中ニハ手署スルヿヲ拒ム者又手署セスシテ退キ去者等儘アルナリ然ルキハ「ノテール」ハ其事由ヲ本證書中ニ記載スルヲ以テ足レリトス

第三十二條

名代人ヨリ出シタル委任狀ハ「ノテール」其認メシ證書正本ト共ニ綴リ置クヘシ其委任狀本人私ニ認メ又ハ外國ニ於テ認メシモノナルニ於テハ「ノテール」並證人ノ面前ニ於テ之ヲ證シテ「ノテール」及ヒ出席人之ニ手署スヘシ若シ名代人手署スルヿヲ知ラス或ハ能ハサルトキハ其故ヲ委任狀ノ端ニ附記シ「ノテール」及ヒ證人モ亦之ニ手署スヘシ證書中ニモ亦名代人委任狀ニ手署スルヲ知ラサリシヿ或ハ能ハサリシヿヲ委任狀ニ記載セシヿ又證人及「ノテール」之ニ手署セシヿヲ附記

スヘシ若シ委任狀ナク口上ヲ以テ委任セラレタル名代人アルトキハ亦其事ヲ記載スヘシ「ソテール」若シ此規ニ違フアレハ各一件毎ニ二十「フランク」ノ罰金ヲ科セラルヘシ

委任狀ヲ正本ニ綴リ置クノ仕方ハ法律ニ定メス委任狀等ヲ正本ニ綴リタルトキ其綴リ目ニ「ノテール」ノ印判ヲ押スルハ正本ノ面ニ於テスヘシ書類ヲ綴ルニハ正本ヲ上面ニオク上面ノ綴目ハ即正本ノ面ナリ

同一ノ委任狀數通ナルトキハ其正當ナルコヲ皆一同

ニ證スルヲ得ルナリ

私ノ委任狀ハ正本ニ綴置ク前ニ之ヲ登記局ノ帳簿ニ記載シ又ハ其委任狀ヲ綴リタル證書ヲ帳簿ニ記載スルト共ニ其委任狀ヲ差出スナリ而テ正本ニ綴置キタルコト登記局ノ帳簿ニ記載セシ旨ヲ證書ニ附記ス

口舌委任ニ關スル書式ハ他ナシ唯「口舌委任ニ依リ何某ノ代理者ト署スルノミ」不動產ヲ賣拂ヒ或ハ書入レ又ハ其他ノ處分ヲナスニハ必ス佛民法一千九百八十八條蘭民法一千八百三十三條ノ規則ニ循ハ

サルヲ得ス

假トヘハ名代人私ノ委任狀ヲ以テ證書ヲ賴ムキ「ノテール」ハ必ス其委任狀ヲ證書ノ正本ニ綴リ置クヘシ但シ此委任狀ヲ綴リ置カサル前ニ「ノテール」名代人ヲシテ其委任狀ヲ自己並證人ノ面前ニ於テ正シキ者ト見認メシムヘシ

第三十三條

前條ニ云フ所ノ委任狀ヲ證書ノ正本ト共ニ綴リ置カスシテ可ナルモノ左ノ如シ

其一　「ノテール」己カ曩ニ作リ與ヘシ本式委任狀

ヲ以テ後日又己レニ證書ヲ賴ム人アル𪜈ハ其「ノテール」ハ別段ニ委任狀ヲ證書ノ正本ト共ニ綴リ置クニ及ハス

其二　「ノテール」ハ名代人ノ委任狀ヲ其證書ニ一度己ニ綴リタルヿアレハ再ヒ其人ノ證書ヲ認ムル𪜈ニハ其委任狀ヲ綴ルニ及ハス其故ヲ證書ノ末ニ附記スヘシ若シ之ヲ記セサル𪜈ハ二十「フランク」ノ罰金ヲ科セラルヘシ

委任狀ヲ正本ニ綴リ置クノ目的ハ第一ニ委任狀ノ存在ヲ証シ第二代理者ノ權限ニ管スル事實ヲ証シ

第三委任者ノ異議ヲ豫防シ又ハ代理者ニ於テ委任ノ權限ヲ犯シタル旨ヲ委任者ヨリ申立ルノ患ナカラシムルタメナリ代理者一旦「ノテール」及ヒ證人ノ面前ニ於テ委任狀ヲ正當ナリト證スルニ於テハ代理者ハ他ヨリ委託スル所ノ權利ヲ諾領セリト看做サルヽヲ以テ必ス自ラ其責ニ任セサルヲ得ス此ヲ以テ委任狀ヲ保存スルハ甚緊要ナリ

本條ハ正本ニ綴リ置カスシテ可ナル場合二ツアルヲ示ス尚ホ二ヲ加フヘシ

第一　己レノ作リシ本式ノ委任狀ヲ己レ又其

預リ人タルキハ其「ノテール」ハ左ノ事ヲ証書ニ記載スルノミニシテ別ニ委任狀ヲ正本ニ綴リ置クニ及ハス即チ某ノ名代人トシテ何年何月何日ニ作リ與ヘシ委任狀ヲ持シテ何年何月何日ニ來テ証書ヲ頼ミタリト

第二　舊「ノテール」ノ預リ書類ヲ引續キシ新「ノテール」ニ舊「ノテール」ノ作リタル委任狀ヲ以テ証書ヲ頼ム名代人ナルキハ新「ノテール」ハ別ニ其委任狀ヲ正本ニ綴リ置カスシテ左ノ事ヲ證書ニ記入スルヲ以テ足レリトス即チ甲ハ乙ノ

名代人トナリ舊「ノテール」ノ作リタル委任狀ヲ持テ余ニ證書ヲ頼ミタリ余ハ則舊「ノテール」ノ死去或ハ免職ニ付其書類ヲ引續キ其委任狀ノ預リ人トナレル者ナリ

第三　他ノ「ノテール」ニテ作リタル委任狀或ハ私ノ委任狀ヲ預リシニ同キ名代人又委任狀ヲ持テ證書ヲ頼ムキ例ヘハ某ノ「ノテール」甲ノ名代人ナル乙ノ頼ニテ他ノ「ノテール」ノ作リタル略式委任狀或ハ私ノ委任狀ニ依リ書入質ノ證書ヲ作リ而シテ其委任狀ヲ證書ニ綴リ置キ其

後又乙ノ爲メニ其取消ノ證書ヲ認ムルトキハ其委任狀ヲ正本ニ綴リ置カスシテ左ノ事ヲ證書中ニ記載スルヲ以テ足レリトス即何年何月何日ニ嘗テ認メ與ヘシ證書ニ綴リ置キシ委任狀ニ依リ甲ノ名代人ナル乙ノ爲メニ取消ノ證書ヲ認メタリト

第四　舊「ノテール」ノ書類ヲ引續タル「ノテール」

第三ノ場合ニ於テハ其證書ノ中ニ左ノ事ヲ記入スルヲ以テ足レリトス即乙甲ノ名代人トナリ免職或ハ死去シタル「ノテール」ノ嘗テ證書ノ

正本ニ綴リ置キタル委任狀ニ依リ余ニ書入質取消ノ證書ヲ頼ミタリ余ハ其「ノテール」ノ代權人トナリ其正本ヲ讓リ受ケ其委任狀ノ預リ人ナリト

若シ書入質ノ證書ナルトキハ「ノテール」二枚ノ「ボルドロー」（「ボルドロー」トハ書入質證書ノ拔抄ニシテ其要件不動産ノ位置形狀及其高ヲ記シタル者ナリ）ヲ作リ之ヲ書入質登記役所ニ送ル登記役所ニ於テ一枚ヲ留メ置キ他ノ一枚ニ第何號ノ簿冊中ノ第何番ニ登記シタル旨ヲ記シ之ヲ「ノテール」役所ニ返ヘシ「ノテール」ヨリ債主ニ與ルナリ他日負債

主己レノ義務ヲ盡シタルカ又他ノ事ニ因リ其義務消滅シタルトキハ債主ヨリ負債主ニ先ニ受取リシ「ボルドロー」ト副本ヲ返スヘシ其トキ「ノテール」ハ取消證書ヲ作リ債主ニ手署セシメ之ヲ登記役所ニ送レハ登記役所ノ官吏ハ先キニ登記セシ書入質ヲ取消スナリ

如何ナル證書ニ限ラス凡テ畧式ニテ認ムル證書ニハ委任狀ヲ綴リ置クニ及ハス何トナレハ法ハ正本ニ綴リ置クヘシト云ヘハナリ

實際ニ於テ法律ニハ云スト雖モ「ノテール」要用ノ

書類ハ證書ト共ニ綴リ置クナリ

第三十四條

總テ證書ノ書キ直シ及ヒ書キ加ヘハ欄外ノ空白アル所ニ記載スヘシ而シテ本人及ヒ證人「ノテール」各自ニ手署スヘシ然カラサルトキハ其書加ヘ書直シノ效ヲ失フ若シ其書キ直シ且書加ヘ長文ニテ欄外空白ノ所ニ書盡シ難キトキハ證書本文ノ終リ各人手署スヘキ所迄ニ記載スヘシ其書キ直シ及ヒ書加ヘハ本文幾行ノ何條ノ書直シ或ハ書加ヘナル事ヲ記載シ置クヘシ。

追加ノ文ハ之ヲ枚葉上下ノ餘白ノ所ニ記スヘカラ

ス

一千八百五十年裁判所ノ判決ニ某「ノテール」ニケ所ノ追加文ヲ欄外又ハ證書本文ノ結尾ト姓名手署ノ間ニ記セス之ヲ證書本文中ニ記セシニ其「ノテール」ハ卒ニ定メノ罰金ヲ拂フヘキ言渡ヲ受ケタリ

副本、諸寫、中ニ在ル追加文或ハ塗抹ニハ「ノテール」獨リ認メヲ爲スヘシ若シ認メヲ爲スコトヲ怠ルト雖トモ罰金ナシ然レトモ例ヘハ塗抹ノ文ニ「ノテール」ノ認メナキトキハ其副本、諸寫、證據ノ力ヲ失フヲ得ヘシ

欄外ニ記スル言語ハ其間ニ書加ヘノ出來サル樣之

ヲナスヘシ

「ノテール」或ル格段ノ場合ニ於テ其作ル所ノ證書中或ハ變改スヘキヿアランカヲ豫知シ得ルトキハ證書完了ノ前姓名手署ノ前ニ筆ヲ閣キテ先ツ之ヲ讀聞ケ而後之ヲ讀聞セル云々ノ文ヲ加ヘテ證書ヲ完了スルヲ最モ好シトス

證書本文ノ結尾ニ認メタル追加又ハ塗抹ノ文ニ各出席人ヲシテ更ラニ認メ印ヲ押サシムルヿハ無要ニ屬スルナリ

塗抹又ハ追加ノ文ヲ認メタルヿヲ寫其他ニ附記ス

ルハ緊要ニアラス

故ニ例ヘハ正本ニ左ノ通記シタランニ

本日明治十年八月廿。日云々

三。ノ一字ヲ此枚葉ノ第一行中廿。ノ字ノ下ニ書キ加フ（認メ印）

寫ニハ則本日明治十年八月廿三日云々ト記シ廿三。

日ノ三〇ノ字ハ正本中追加スル所ニ係ル旨ヲ更ラニ寫中ニ附記スルニ不レ及

追加又ハ塗抹ノ文書式ニ戻ルヨリシテ無効トナルモタメニ證書全文ヲシテ効ナキニ至ラシメス

「ノテール」法ヲ以テ定メタル證書改正ノ仕方ハ追加又塗抹ノ文ヲ指スニ據ラスシテ例ヘハ上ニ記スル甲某ノ住所ニ非ス(誤謬)乙某ノ住所(改正)ニ於テ之ヲ作リ之ヲ讀聞ケルト云々ト證書中ニ記スルトキハ其「ノテール」ハ規則ニ背ケリトス譯者按スルニ本條第二項ニ陳スル所ノ一千八百五十年裁判所ノ判決ヲ照ラシ視ルトキハ此項ノ例文彌ヨ明瞭ナラン

第三十五條

證書ノ本文及ヒ欄外附記ノ文ニ書キ直シノ文ヲ重畫シ例ヘハ三ノ字ヲ重畫シテ五ノ字トナスカ如シ或ハ書キ加ヘノ文字ヲ傍書シ或ハ空行ヲ置キ又ハ塗抹シ又ハ字ヲ消シテ改書スルヿヲ得ス若シ之ヲ爲スモ其効ナシトス

或ル遺言證書ニ已之介ト書スヘキヲ誤リテ乙之介ト書シカ故ニ乙ノ字ニ加畫シテ更ニ己ノ字ヲ作リシニ其字巳ノ形ヲナシテ七之介ト音讀スルニ至レリ蓋シ巳之介トハ證人ノ名ナリ

然ル所一千八百二十四年裁判所ノ判決ニ巳ノ字ヲ

無効ナリト爲セリ巳ノ字無効ナルトキハ則チ一員ノ證人ヲ欠ク證人一員欠ケタルヲ以テ遺言書モ亦無効ナリトセリ

「ノテール」若シ證書ヲ作リシ後ニ至リテ竊カニ書加ヘヲ爲ストキハ刑法第百四十五條ノ律ニ處セラル該條ニ總テ官吏又ハ公ケノ官吏其職ヲ行フニ當リ簿册又ハ公正ノ證書類ヲ記了セル後私カニ之ニ書加ヘヲ爲シテ贋作ノ所業ヲ行フトキハ無期ノ徒刑ニ處セラルトアリ佛ニテハ二十五年ノ徒刑ニ處セラル

第三十六條

本文ノ文字如シ塗抹セサルヲ得サルヰハ其原字ハ再ヒ讀ミ得ヘキ樣ニシテ塗抹スヘシ而シテ其本行欄外ノ空白ノ所或ハ本文ノ末姓名ヲ書記スル所ノ前ニ孰レモ何行ニ幾字ヲ塗抹セシヿヲ書認メ其認書ニ關係ノ各人之ヲ見認メシヿヲ附記スヘシ

此條及ヒ第三十四條三十五條ノ規ニ違フアレハ各一件毎ニ二十「フランク」ノ罰金ヲ科セラレ之カ爲メニ損害ヲ生シタルヰハ其償ヒノ責ニ任スヘシ若シ文字ヲ塗抹スルニ付テ不正ノ所爲アレハ其官ヲ免セラルヘシ

言語文字ノ改正又ハ書加ノ外ニ法ニ於テ塗抹ノ場合ヲ定メタリ塗抹ノ文字ハ之ヲ書更フルニ不及唯墨線ヲ畫スルヲ以テ足レリトス但シ墨線ハ塗抹ノ文字尚ホ讀得ヘキ樣之ヲ畫スヘキナリ例ヘハ「東京銀座」ノ如シ故ニ若シ塗抹ノ文字讀得ヘカラサルキハ「ノテール」ハ自ラ其責ニ任セサルヲ得ス

或證書ニ塗抹アリシニ其塗抹ハ何枚何行ニ屬スル旨ヲ附記セスシテ唯其認メノミヲ爲セリ因テ「ノテール」ハ罰金ヲ科セラレタリ（一千八百五十二年ノ裁判言渡）

欄外ニ書直シ書加ヘノヿヲ附記セサルキハ其効

ナシ若シ夫レカタメ損失等アルトキハ「ノテール」ノ責任ナリ

一字一數字ハ取消スコトヲ得ヘシト雖モ一「シラーブ」（母音子音相合シテ一音ヲナスモノ）ヲ取消ヘキトキハ其一語ヲ取消スヲ善トス

第三十六條欄外ニ附記セシモノニ誤アルトキハ欄外ヲ悉ク消シテ其事ヲ其傍ノ空白ニ書スヘシ若シ誤字等ノ斷リ書多クシテ欄外ニ書盡ス能ハサルトキハ證書ノ末尾ニ即チ何々ノ役局ニ於テ作リタル何々ノ事ヲ記スルト認ムル所ノ前ニ書スヘ

シ

第三十七條

「ノテール」ハ貨幣尺度量衡ノ事ニ付テハ自國ノ法ニ於テ定メシ所ノ名稱ヲ用井ヘシ若シ此規ニ違アレハ各一件毎ニ二十「フランク」ノ罰金ヲ科セラレ之カ爲メニ損害ヲ生シタルトキハ其償ヒノ責ニ任スヘシ

不動產ノ事ニ付書入質役所ノ簿冊ニ書入質或ハ所有權ノ換替或ハ取消等ヲ登記スル證書ハ書入質役所ニ必用ナル爲メニ不動產所在ノ邑名區名番號ヲ記スヘシ此規ニ違フトキハ前同樣ノ罰金ヲ科セラルヘシ其他

法律又ハ規則又ハ各人ノ望ミニ依テハ猶其不動產ノ景狀ヲ詳記スヘシ

各人ノ遺言狀ト書入質役所ノ簿册取消ノ證書遺物ノ目錄ニ古キ名稱ノ物品又ハ外國ノ貨幣ヲ記スルト又外國公私債ノ證書外國交易ノ事ニ付テノ證書本國外ニ在ル不動產ノ證書等ト又總テ古キ名稱ノ物品ノ記シアル書類ヲ證書ニ記入スル等ノ時ハ此限ニアラス

凡ソ尺度量衡及金高ヲ以テ物ヲ計スルニ其舊稱ヲ用井ルヲ要スルヰ例ヘハ遺物分派ノ目錄ニ其物ヲ記載スルカ如キハ此條定規ノ限ニ非ス

法律ニ於テ禁スル所ハ既廢ノ呼稱ヲ以テ現在ニ用井ルノ場合ヲ云フ

第三十八條

「ノテール」ハ其役所ニ保持スヘキ諸證書ノ正本ヲ作ルヘシ然ラサレハ各人ノ所持セル證書ハ公正ノ効ナシトス之カ爲メ損害ヲ生シタルトキハ其償ヒノ責ニ任スヘシ

此規ニ依ラス畧式ニテ渡シ得ヘキモノハ婚姻ニ付父母ノ承諾ノ證書書入質取消ノ證書某ハ某地ノ某人ナルヲ證スルノ證書委任ノ證書人ノ生死ヲ證スルノ證

書金數六百「フランク」以下ノ受取ノ證書小作地代屋賃諸損料給金年金利子養料等ノ受取證書要償ノ證書提供ノ金高ヲ拒ムノ證書其他簡畧ノ證書類ナリトス以上ノモノニ付テハ各人ノ望ニ從テ同シ證書ヲ幾枚渡シテモ妨ケナシトス其數枚ノ證書ニハ一枚毎ニ其總枚數ヲ記シ置クヘシ否ラサレハ「ノテール」ハ二十「フランク」ノ罰金ヲ科セラルヘシ右數枚ノ證書ハ法律上ニ於テ一枚ト認ムヘシ

名代人ノ名前ヲ塡セサル委任狀ハ此限ニアラス

此條ノ規則ニ「ノテール」ハ其作ル所ノ證書ノ正本ヲ

留置クヘシトアリ又畧式ニテ渡スヿヲ得ヘキ證書ハ更ニ其類ヲ掲示シタレハ假令ヒ法律ニ其他簡畧ノ證書ハ亦之ヲ畧式ニテ渡スヲ得ヘキノ明文アリト雖モ「ノテール」ハ等閑リニ此自由ヲ行フヘカラス」本法第三十二條ニ契約者ノ委任狀ハ正本ニ綴置クヘキヲ云ヘリ而テ畧式ノモノニモ亦之ヲ綴ルヿヲ得ルヤノ疑問ニ付キ議論二樣ニ別レタリ

一方ノ論者ハ直ナニ佛「ノテール」規則第三條ヲ引キ來リテ書類ヲ綴リ置クハ正本ニ限ルヘキヲ主張シ他ノ論者ハ所謂正本ニ綴ルトハ則ナ證書ニ綴ルノ

謂ナリ故ニ畧式ノモノニモ亦書類ヲ綴ルヘキヲ辨セリ抑モ本法第三十三條ノ説詳ハ書類ヲ綴ルノ目的ヲ示定スルモノナリ而テ若シ綴リタル書類ノ「ノテール」役局ニ留存セサルトキハ其目的輙スク達シ得ルコト難シ故ニ「ノテール」ハ假令ヒ畧式ニテ渡シ得ヘキ證書ト雖トモ綴ルヘキ書類アルトキハ此條三十八條ノ規則ニ循ヒ證書ノ正本ヲ作ルヲ可トス

一度ニ數通ノ畧式ノ證書ヲ作ルトキハ之ニ書類ヲ綴ル能ハサルハ論ヲ俟タス

一千八百四十二年ノ「ノテール」規則ヲ成シタル法律

ニ唯委任狀ヲ綴ルヲ要スルノ故ヲ以テ特ニ證書ノ正本ヲ作ルヘキ理由ヲ決テ示サス又委任狀ヲ署式證書ニ綴ルヿニ付テハ法律ニ之ヲ言ハス(一千八百五十年「デパルトマン、ド、ラ、ジュスチース」我司法省ノ如キモノノ議決)

署式ノ證書ハ一度ニ數枚渡スヿヲ得ペシト雖圧同一ノ番號ヲ附スヘシ其旨ヲ證書並ニ見出帳ニ記入スヘシ裁判上該書數枚アリト雖圧唯効アルモノハ一枚ノミ

第三十九條

「ノテール」ハ遺言狀ヲ預ケ置タル人ノ死セシヿ又ハ其失踪セシ事ヲ承知シタルトキハ其日ヨリ四十日ノ間ニ其遺言狀ニ關係スル各人ヘ其役所ニ遺言狀ノ預ケアル事ヲ報告スヘシ

此規則ハ遺言狀ヲ廢スルトキノ證書ニモ亦用ヰヘキモノトス又婚姻ノ契約書中ニ夫婦ノ内如シ一人ノ死去スル時物品ヲ讓ルヘキヿヲ定置クトキニ於テモ亦用ヰヘキモノトス

自筆又ハ封印ノ遺言狀ハ「ノテール」之ヲ「ジュウジドペ、ー」ニ差出シタル後ニ非レハ之ヲ預リタル旨ヲ關係者ニ通知スル能ハス但シ「ノテール」之ニ戻ルト雖圧罰金又ハ罰ナカルヘシ何トナレハ「ノテール」ノ怠惰ヲ證スルコ稍ヤ難ケレハナリ(然リト雖圧本法第七十三條ヲ照觀スヘシ)

「ノテール」ハ遺言者ノ死シタル事又ハ失踪セシコヲ承知スルトキハ其時ヨリ四十日間ニ其關係ノ者ヘ其役局ニ遺言狀ノ預ケアルコヲ報知スヘシ別段死去報知ナクト圧之ヲ知ルトキハ則チ報告スルナリ」

遺言證書ヲ預リタルコハ他人ニ漏泄スヘカラス(十八條誓文ヲ見ルヘシ)

遺言證書ヲ取消スヿハ別ニ取消證書ヲ作ルヘシ其取消シタル舊證書ハ之ヲ作リタル「ノテール」預リ置ナリ但シ自筆ノ遺言證書ニ限リ其返却ノ證書ヲ作リタルヿハ之ヲ返スナリ（蘭民法九百八十一條九百八十七條見合）取消證書ハ遺言書ヲ預リタル「ノテール」ニアラス𪜈他ノ「ノテール」之ヲ認ムヲ得ヘシ而シテ取消證書ヲ作リタル「ノテール」ヨリ其遺言書ヲ預レル「ノテール」ニハ別ニ通知セス實際ニ於テハ取消證書ハ遺言書ヲ預リタル者之ヲ作ル故ニ乙「ノテール」ヨリ丙「ノテール」ニ通知スル場合ナキナリ而

シテ遺言者死去又ハ失踪ノトキハ其關係者ニ遺言書預リアルヿヲ報知スルハ其取消證書ヲ作リタル者ヨリナスナリ如此キ場合ニ於テ日附ノ最新シキ證書ヲ以テ効アルモノトス但シ舊遺言證書ノヿハ民法ヲ見ルヘシ

遺言狀ハ遺言者生存中ハ未タ其効ヲ生セス故ニ之カ登記ヲナサス遺言者死シタル後効アルニ至テ始テ登記スルナリ民法第百十五條以下見合

第四十條

第五條ノ第六項及ヒ第五十三條第五十六條ニ定メタ

ル名代人ヲ置キタル場合ノ外ハ「ノテール」ノミ其役所ニ於テ作リタル證書ノ副本其寫シ又其拔抄ヲ人ニ渡スヘキノ權アリトス

又其役所ニ保持セル正本前役ヨリ引繼キノ者ヲ云ハ自ラ認メサル者ト雖𪜈寫シ拔抄ヲ人ニ遣スヘキノ權アリトス又

總テ證書副本寫拔抄私ノ證書ヲ持テ其寫ヲ得ン事ヲ求ムル者アラハ之ヲ寫シ其持來リシ原書ト能ク校合シテ其寫シト其原書ト共ニ返スヿヲ得ヘシ

諸ノ證書ノ拔抄ハ其原書ト同一ノ文字ナラサルヲ得ス而テ其證書ノ發端ト終リトニ記載シアル題號年月

日納税ノ證關係人ノ身分姓名等ヲ書キ加フヘシ而テ拔抄ノ終リニハ原書ト同一ノ文字ヲ以テ抄記シ渡スト記載スヘシ

此規ニ違フアレハ二十「フランク」以上百「フランク」以下ノ罰金ヲ科セラルヘシ又副本ヲ人ニ渡ス時ハ「ノテール」ノ役所ニアル正本ニ其副本ヲ出シタル年月日且ツ其人ノ姓名ヲ記シ「ノテール」並ニ其本人此レニ手署スヘシ若シ此ニ違フアレハ百「フランク」以上二百「フランク」以下ノ罰金ヲ科セラルヘシ

正本ノ紛失ハ見出帳ト照合シテ以テ之ヲ證スヘシ

登記局ノ簿冊ハ之ヲ其證據トナス能ハス何トナレハ登記局ノ官吏又ハ其書記ニ於テ「ノテール」ノ姓名ニ付キ謬誤ヲ生スルノ恐アレハナリ「ノテール」ノ姓名ニ付キ迷誤ヲ生ストハ甲乙ノ「ノテール」其姓名ヲ同フスル片登記局ニ於テ譬ヘハ甲ノ「ノテール」ノ事ヲ取調フヘキヲ其同姓ナルヨリ謬誤ヲ生シ乙ノ「ノテール」ノ事ヲ取調ルノ恐レヲ云フ（一千八百十六年ノ判決）

對校ノ寫ト稱セル書類ノ原本及寫ハ必ス之ヲ登記局ノ帳簿ニ記載スヘシ

本條ニ撮要（エキストレー）ノ寫ニ記スヘキ書式ヲ故ラニ定示スルヲ以テ毫モ之ニ違フアレハ則ナ規則ニ戻レリトス

然ルニ寫ノ書式ハ特ニ法律ニ於テ之ヲ定メサルニ付キ「ノテール」寫ヲ渡スノ際之ニ記スヘキ事ニ付テハ其自由ニ任スヘキノミ(一千八百四十三年「デパルトマンドラジュスチース」ノ判決)

佛民法千三百三十五條見合スヘシ

副本ハ必ス執行スヘキ者ナルカ故ニ其副本ニ執行式ヲ付シテ渡スナリ其文式ハ副本ノ首尾ニ記載スルナリ(四十三條見合)故ニ副本ハ裁判所ノ立會ナクシテ執行ノ權ヲ有セリ

證書ノ執行ハ契約ノ義務ヲ執行セシムルナリ故

ニ證書ノ趣意借財ノ消却方曖昧或ハ期滿得免或ハ期限未タ至ラス總テ義務ノ執行スヘキナキトキハ副本ヲ渡スノ理ナシ遺囑證書金高ヲ記セスシテ消却ノ義務ノミヲ記シタル證書及ヒ未必ノ契約證書等ニモ亦副本ヲ渡スヘカラス

法律ニ何々ノ證書ニハ副本ヲ必ス渡スヘシト云フ明文ナシ故ニ「ノテール」見込ヲ以テ之ヲ渡サヽルモ可ナリ

「ノテール」ハ寫及ヒ拔抄ハ幾枚モ渡シ得ルト雖モ正本ヲ失フトキハ副本ト第一ノ寫ノミ正本ト同一

ノ効アリトス

負債主ヨリ債主ニ對シ義務ヲ盡シタルヰハ債主ヨリ負債主ニ副本ヲ返還ス而シテ其義務ノ終リタルヿヲ副本中ニ記スヿアリ又別ニ其事ヲ證スルタメ證書ヲ作リ負債主ニ渡スヿアリ

「ノテール」ハ裁判所ノ許可ナク同一ノ人ニ同證書ノ副本ヲ再ヒ渡スヿヲ得ス其許可ハ本人ノ願ニ依リ得ルナリ

「ノテール」ハ私ノ證書及ヒ裁判言渡書ヨリ對校ノ寫ヲ取リ渡スヲ得ヘシ而シテ此寫ニ番號ヲ附シ

之ヲ見出帳ニ登記スヘシ
名代人ノ名ヲ塡セサル畧式ノ委任狀數枚ヲ渡スヲ得ス
第一ノ寫ハ正本紛失シタルトキト雖モ正本ト同一ノ効アリトス其他ノ寫及ヒ拔抄ニ至テハ裁判所ノ見込ニ依リ證據トナリ或ハ參考書トナルナリ」
副本ノ外寫及ヒ拔抄ヲ出シタルコハ正本ニ記載スルヲ法トセス然レモ之ヲ記載スルトキハ誰某ニ某寫某拔抄ヲ渡シタルコヲ知ルニ便ナルナリ

第四十一條

法律ニ依テ定メタル場合ト裁判官ノ命スルヰト各人自筆ニテ秘密ナラサル遺言狀トノ外ハ「ノテール」ノ役所ニ預ル所ノ證書ノ正本ヲ他ニ出スヘカラス

登記局ノ監督官吏ハ現ニ生存スル遺言者ノ遺言證書ヲ除クノ外總テ「ノテール」ノ保存セル正本ヲ撿査スルノ權アリ而テ其撿査ハ必ス「ノテール」ノ役局ニ於テ之ヲ行ヒ役局外ニ於テスルヲ得ス

「ノテール」囑托人ヨリ秘密ノ遺言證書ヲ預ルヰハ其封紙上ニ之ヲ預リタルヿヲ記ス而テ此記シタル預リ書ヲ正本ト視做スナリ(民法九百七十六條見合)

第四十二條

「ノテール」ハ證書ニ直接ノ關係アル者ノ外ニハ其副本及ヒ其寫又ハ拔抄ヲ渡スヲ得ス又タ其證書ノ意ヲ人ニ洩シ且示ス事ヲ禁ス若シ此規ニ違フアレハ百「フランク」以上二百「フランク」以下ノ罰金ヲ科セラルヘシ若シ違規再三ニ及フキハ三ケ月以上六ケ月以下其職ヲ停止セラルヘシ之カ爲メニ損害ヲ生シタル時ハ之ヲ償フヘシ但裁判上ノ事ト公ノ記錄ニ寫スヘキ事ノ國法ニ於テ定リアル者ハ此限ニアラス

佛訴訟法第八百三十九條ニ「ノテール」其他證書ヲ預

ル者其證書ニ關係アル本人又ハ相續人又ハ有權人ニ對シ其證書ノ寫ヲ渡スヿヲ拒ムヰハ禁錮ニ處セラル云々トアリ

自ラ證書ニ關係アリト思量スル者其寫ヲ乞フニ「ノテール」其者ノ權利如何ヲ疑フヰハ其寫ヲ渡スヿヲ拒ミ同時ニ裁判所ノ許可ヲ請フヘシ

直接ニ證書ニ關係アル者トハ權利又ハ義務ヲ其證書ニ付テ有スル者ヲ云フヿナリ

契約ヲ爲ス雙方ノ者ハ則チ直接ニ證書ニ關係アル者ナリ故ニ契約者ヨリ證書ノ副本又ハ寫ヲ求ムル

キハ「ノテール」ニ於テ何ノ利益アリテ契約者ノ之ヲ求ムル乎ヲ吟味スルノ權ハ决テナシトス(此項並前項ハ一千八百四十三年ノ判决)

相續人遺言證書中ニ己レノ其遺物相續ノ權ヲ省カレタル者其遺言證書ノ寫ヲ求ムルキハ「ノテール」ハ之ヲ渡スヿヲ拒ムヿヲ得ス(一千八百四十七年ノ判决)

第四十三條

「ノテール」ハ其證書ニ關係セル各本人又其相續人及ヒ其證書ニ付テノ有權者ノ内ヘ其副本一枚ヲ與フルヲ

得ヘシ其副本ノ前端ニハ裁判執行ノ申渡シ書ト同一様ニ國王ノ命ヲ以テ必ス執行スヘキ旨ヲ記入スヘシ又其後端ニハ副本ヲ求メシ人ノ姓名及ヒ其副本ヲ出スキノ年月日且ツ此副本ハ其第一ナルヿヲ書記スヘシ「ノテール」此規ニ違フアレハ二十「フランク」以上百「フランク」以下ノ罰金ヲ科セラルヘシ

寫又拔抄ハ副本ノ書式ニテ認ムヘカラス但シ遺物分派證書競賣競貸受負入札調書等數人連記ノ正本ヲ銘々其部分ニ係ル拔抄ノ副本ヲ渡スハ此限ニアラス

第一副本ヲ渡ス書式ニ第一ノ語並受取者ノ姓名ヲ

記スルハ一ニハ同一ノ人ニ一個以上ノ副本ヲ渡サンヿヲ豫防スルタメ二ニハ證書ニ關係ナキ者竊ニ之ヲ使用センヿヲ豫防スルタメニ甚タ緊要ナリトス其他年月日ヲ記スルハ之ヲ正本ニ記スル所ト參觀センカタメナリ（本法第四十條見合）
「ノテール」副本ニ記スヘキ書式ヲ遺忘スト雖𪜈罰金ヲ科セラルヽヿナカルヘシ書式ヲ備ヘサル副本ハ通常ノ寫タルニ過キサルノミ

第四十四條

「ノテール」ハ訴訟法ニ依リ裁判所ノ別段ノ許シアル外

再ヒ副本ヲ渡スヘカラス若シ此ノ規ニ違ヘハ三ケ月以上六ケ月以下其職ヲ停止セラルヘシ其再ヒ副本ヲ渡ストキニハ第四十條第五項ノ定規ニ從フヘシ

第二ノ副本ヲ得ント願フ者ハ願書ヲ正本ヲ保有スル「ノテール」住居ノ地ノ初審裁判所ノ上席人ニ差出スヘキナリ裁判所上席人ハ指定スル所ノ日時ヲ以テ之ヲ渡スヘキ旨ヲ正本ヲ保有セル「ノテール」ニ命シ又右日時ヲ以テ之ヲ受取ルタメ出頭スヘキ旨ヲ願者ニ言渡スナリ但シ裁判所ノ命令ハ之ヲ第二副本ニ附記スヘシトス且ツ負債高ノ半額ハ既ニ之ヲ

借主ヨリ返償セシカ又ハ之ヲ債主ヨリ他人ニ讓渡シタルトキハ其減少ノ金高ヲモ亦第二副本ニ附記スヘシトス

第四十五條

各「ノテール」ハ圓形ノ中心ニ國王ノ記號周圍ニ己ノ職業姓名住所ヲ刻ミタル印判ヲ所持スヘシ

「ノテール」ハ各人ニ渡ス總テノ證書即チ副本寫及ヒ拔抄ノ姓名手署ノ傍ハラニ此印判ヲ押シ又他ノ書類ヲ上文ノ證書ニ綴付ケタル綴目ニ此ノ印判ヲ押スヘシ

若シ此レニ違フアレハ其各事ニツキ二十「フランク」ノ

罰金ヲ科セラルヘシ

「ノテール」ノ印判ハ之ヲ封蠟封糊ノ上ニ押スヲ得ヘク亦蠟糊ヲ用ヰス直チニ紙上ニ押印スルヿヲ得ヘシ

書類綴目ノ外正本ニ押印スルヲ要セス然レ𪜈實際ニ於テハ正本ニモ亦印ヲ押スナリ「ノテール」ハ證書ヲ登記局ニ差出ス前ニ當リテ之ニ押印スルニ及ハス之ヲ囑托者ニ渡スノ際ニ押印スヘシ

第四十六條

證書ヲ記セシ「ノテール」ノ住所外ノ「アロンディスマン」ノ

裁判所ニ於テ其證書ヲ用井ルヿアルトキハ其「ノテール」ノ居住セル「アロンディスマン」ノ裁判所ノ上席人ニテ其手署ヲ證スヘシ

此條ハ本法第二十條ト直チニ關係スルモノナリ手署及認印ヲ届出スハ人ニ渡シタル書類ニ認メタルモノト照校スルノ便利ヲ與フルカタメナリ

裁判所上席人ニ於テ「ノテール」ノ手署ヲ證スルハ全ク證書ニ公正ノ力ヲ與フルト否ニ關セス只式儀ニ屬スルノミ

裁判所上席人ニ於テ「ノテール」ノ手署ヲ證セサル證

書ハ効ヲ失フニ非ス故ニ手署ヲ證セル副本ト雖𪜈猶ホ執行ノ効アリ(千八百十七年ノ判決)然レ𪜈證書關係者ハ裁判所上席人ニ於テ「ノテール」ノ手署ヲ證スル迄ハ其副本ノ執行ヲ停止スルヿヲ乞フヲ得ヘシ

法律ニ於テ正本ハ手署ヲ證セス人ニ渡シタルモノハ必ス之ヲ證ス

「ノテール」ハ證書關係者ノ求メアルニ非レハ上席人ニ請フテ手署ヲ證セシムルヲ要セス

手署ヲ證スルハ證書關係者ノ利益ノタメナリ(二千

八百五十二年ノ判決)獨乙聯邦ニ於テ作リタル公正ノ證書ヲ蘭國ニ用井ルヰ・ハ「子ールランド」ノ官府ニ於テ手署ヲ證セサレハ公正證書ノ證ナシ一千八百五十六年「クールドカッサション」ノ判決ハ全ク之ニ反セリ

第四十七條

「ノテール」ハ見出帳ニ毎日取扱フ所ノ正本ノ番號年月日本人ノ姓名住所證書ノ種類不動産所在地並ニ納税ノ事ヲ記載スヘシ又他ノ「ノテール」ノ作リシ證書ノ寫シ或ハ拔抄並ニ私ノ書類ノ寫シヲ新タニ作リタルヰ

ハ又前同様ノ記載ヲナスベシ若シ之ニ違フアレハ一件毎ニ十「フランク」ノ罰金ヲ科セラルベシ單本ニテ渡シ得ヘキ證書ハ若シ二三枚ヲ一同ニ出ス𪜈其見出帳ニハ同番號ノ内ニ合記スベシ數個ノ日附アル證書ハ第一ノ日附ヲ見出帳ニ記スベシ要償ノ證書、拂金提拱ノ證書、遺物相續ノ權ヲ陳述スル證書、對校ノ寫、及ヒ撮要ノ寫モ亦見出帳ニ記スヘシ

單本ノ證書ヲ數枚一時ニ渡セシ後又其寫幾枚カ認ル事ヲ請求スルトキハ更ニ別番號ニシテ渡シ見

出帳ニモ記載スベシ

第四十八條

「ノテール」ニ年間取扱ヒシ見出帳ノ寫シヲ其翌年第二月迄ニ自分或ハ委任狀ヲ與ヘタル名代人ヲ以テ其住所ノ「プロヴンス」ノ裁判所ノ書記局ヘ納ムベキ事トス若シ之ヲ怠ル事一ケ月ニ及ヘハ二十「フランク」ニケ月ナレハ四十「フランク」三ケ月ナレハ六十「フランク」ノ罰金ヲ命セラルベシ

「ノテール」若シ一ケ年間取扱フ事件ナカリシトキハ自分又ハ名代人ヲ以テ其事ヲ裁判所ノ書記局ヘ届クベシ

若シ之ヲ怠レハ罰金ハ前項ニ同シトス
「ノテール」ハ見出帳ヲ六月一日ニ至ル迄猶ホ裁判所エ納メサルトキハ罰金ノ外三ケ月間其職ヲ停止セラルベシ其三ケ月ノ終リニ至リテ猶納メサルトキハ罰金ノ外即チ其職ヲ免セラルベシ
第二月盡日若シ日曜日ニ當ルトキハ其前日迄ニ納ムベシ
見出帳ノ寫ニハ納税ノ證印ヲ取リ「ノテール」其各葉ニ認メヲ爲シ卷末ニ原本ト相違ナキヲ證シテ之ニ手署ス

「ノテール」見出帳ノ寫ヲ納ムルヿヲ怠ルニ付キ罰金ノ增シ高ハ二十「フランク」宛ナリ即チ怠ルヿ一ケ月ナレハ二十「フランク」二ケ月ニ至レハ四十「フランク」三ケ月ニ至レハ六十「フランク」ヲ科セラル又翌年六月一日前ニ迄ビテ猶怠ルトキハ三ケ月間停職ニ處セラレ停職後ニ迄ビテ猶怠ルトキハ免職ニ處セラル竊ニ考フルニ既ニ停職ニ處セラレシ者ハ見出帳ヲ自ラ納ムルノ權ナシ之ヲ納メントスルニハ名代人ニ依ラサルヲ得ス然ルニ第五十六條ニ名代人本任ノ爲ニ未納ノ見出帳ヲ納ムベキノ責任ヲ言ハス本條

ニ三ケ月ノ終リニ至テ猶納メサルトキハ職ヲ免セラレルヘシトノ文アリ其權ナキ者ニ免職ニ至ルノ責ヲ以テスルハ不理ノ甚キモノト謂フヘシ

「ノテール」自ラ見出帳ノ寫ヲ納ムルノ權ナキトキハ代理者ヲシテ之ヲ納メシムルハ法律ニ於テ禁セサル所ナリ停職ニ處セラレタル「ノテール」ハ其代理タル「ノテール」ヲシテ直ナニ見出帳ノ寫ヲ納メシム代理者若シ之ヲ怠ルトキハ卒ニ停職「ノテール」ノ免職ヲ釀スニ至ルヲ以テ停職「ノテール」ハ己レノ權ヲ存有スルタメ代理者ヲ訴フルヿヲ得ヘキナリ蓋シ停職後

ニ至リ猶寫ヲ納ムルヿヲ怠リテ遂ニ免職ニ處セラルヽカ如キハ未タ曾テ有ラサル所ナリ

或ル學者書ヲ以テ委任セル代理者本條トアル法律ノ明文中ニ就キテ書ヲ以テノ語ヲ開陳シテ委任ハ私ノ證書ヲ以テ之ヲナスヲ得ベキナリ尤私ノ委任狀ハ必先ツ登記局ノ帳簿ニ記載セラルト論セシ如ク代理委任狀ハ公正ナラスシテ可ナリ見出帳ノ寫納受ノ手續ハ第四十九條ニ詳カナリ

第四十九條

裁判所ノ書記官ハ見出帳ノ寫シヲ受取タルトキハ其納

メ證書ヲ作リ書記官並ニ納メ人之ニ手署シ目錄帳ニ綴リテ之ヲ藏シ又別段ノ簿冊ニ其事ヲ登記シ裁判所ノ上席人手署スベシ

納メ人若シ名代人ナルトキハ其委任狀ヲ其別段ノ簿冊ニ綴リ置クベシ

第四章「ノテール」ヲ監督スル事及ヒ「ノテール」ノ謝金ノ事

第五十條

「ノテール」ハ其身分ノ重キヲ忘レ職務ヲ怠リ或ハ法律ニ背キ罪ヲ得ベキ樣ノヿアレバ「ミニステールピュブリッ

ク」ヨリ其「アロンディスマン」ノ裁判所ニ告發スベシ
此規則中罰則ナキ條件ニ於テ若シ違フヿアルキハ「アロンディスマン」ノ裁判所會議ノ室ニ於テ一應取糺シノ上其答辨ニ依リ之ヲ訓誡シ或ハ之ヲ譴責スベシ
若シ「ノテール」再ヒ譴責ヲ受クルノ後又譴責ヲ受クベキヿアレバ裁判所ノ決議ニ依テ譴責ヲ受ケ或ハ三ヶ月以上六ヶ月以下其官ヲ停止セラル丶ヿアルベシ四タヒニ至ルキハ必ス其官ヲ停止セラルベシ
此條第一項ニ據レハ「ミニステール、ピュブリック」ニ於テハ「ノテール」ノ犯則ノミナラス又其身分ニ係ルノ所

業ヲモ裁判所ニ告訴スベキナリ

但シ「ノテール」ニ罰金ヲ科スルト之ヲ譴責スルトハ裁判所ノ權内ニアリ

身分ノ重キヲ忘ルヽトハ品行不正ノ事ヲ云フナリ

職務ヲ怠タルトハ規則ニ違犯スルヲ云フ

第五十一條

「ノテール」ヲ重罪ノ刑ニ處スル裁判言渡シ書ニハ其官ヲ免スルコヲ必ス附記スベシ

「ノテール」輕罪ノ刑ニ處セラルヽキト雖ﾓ事柄ニ因リ「ミ

ニステール「ピュブリック」ノ申立ヲ以テ或ハ其官ヲ免スルヿアルベシ

此條ハ一般ニ論スルモノナレバ「ノテール」職務上ニ於テ犯ス所ト本法外ノ犯律トニ付キ其罰ヲ區別セス故ニ此條ノ規則ハ「ノテール」重罪及ヒ輕罪ノ刑ニ處セラルベキ總ベテノ場合ニ適用スベキナリ

佛刑法第四十二條及ヒ第四十三條ニ依レハ輕罪ヲ審判スル裁判所ニ於テハ殊ニ定メタル場合ニ於テハ刑罰ニ處セラレタル者ニ公ノ職務ヲ行フヿヲ禁スルヲ得ベシ

第五十二條

「ノテール」老衰疾病ニ依テ其職務ヲ行フニ堪ヘサルキハ「アロンディスマン」ノ裁判所ノ「オフヰシエードヂユスナース」ヨリ「プロヴンス」ノ裁判所ノ「プロキユリユールゼネラール」ヘ報告ス可シ此場合ニ於テハ該「プロキユリユールゼネラール」其「ノテール」ヲ呼出シテ其實情ヲ取糺シタル上或ハ呼出ニ出サルキハ直ナニ名譽アル退職ヲ國王ヘ中立ツベシ

職務ヲ行フニ堪ヘサル「ノテール」ハ其原由ノ如何ヲ問ハス他ノ「ノテール」ト交代ヲナサシムベキナリ且

ッ君主ヨリ榮譽アル辭職ヲ「ノテール」ニ許スベキヲ法律ニ定メタリ「ノテール」其職務ヲ行フニ堪ヘサルヿアリト雖モ其理由ヲ記セスシテ交代ヲ命スヘカラス故ニ例ヘハ「ノテール」固疾アリテ平癒覺束ナキヲ記セサルヨリハ他ノ「ノテール」ヲシテ交代セシムベカラス斯クノ如キ場合ニ於テハ醫師ノ診斷書ヲ以テ其證據トナスナリ但シ右等ノ場合ニ於テハ必ス「ノテール」ノ意ヲ問フ「ノテール」ハ必ス自ラ出テ意ヲ陳スルニ及ハス代理者ヲ出スカ又ハ親戚或ハ妻ヲシテ名代トナスヲ得ベシ蓋シ親戚或ハ妻ハ「ノテ

ール」ノ摸様ヲ辨識スルヿ却テ他人ヨリモ密ナリ但シ妻或ハ親戚ヲ名代トナスヿハ法律ニ於テ之ヲ云ハス

第五十三條

「ノテール」ハ病氣或ハ事故ニ依テ暫時其職務ヲ勤メ難キ時ハ自分或ハ妻又ハ親族ノ願又ハ「コミセールドグーウヱルヌマン」撿事ノ求ニヨリ其地ノ裁判所近隣ノ「ノテール」ヲ以テ名代人トナシ總テノ事務ヲ引受ケ兼勤セシムベシ

名代人ハ本人休職中タリ𪜈其預リ置ク公用ノ書類ヲ

何時ニテモ見ルベキノ權アリ若本人之ヲ拒ム時ハ其職ヲ免セラルベシ

他日名代人ヲ止ルニハ本人ノ願ヒ又ハ「ミニステールピュブリック」ノ求メニ依ルベシ

代理ヲ命セラレタル「ノテール」ハ自己ノ姓名ヲ以テ證書ヲ作リ又舊「ノテール」ノ作リタル證書ノ正本ヨリ寫取ル所ノ副本、諸寫ニ手署スベシ其取扱フベキ事務ハ例ヘハ遺言者ノ死去ノ後遺言書ヲ大切ニ預リ置クヿ・其遺物相續人等ニ遺言證書ノ預リアル旨ヲ通告スルヿ第三十九條自筆遺言證書ヲ差戻ス事・副本、

寫撮要ノ寫ヲ渡ス事。見出帳ノ撿印ヲ取ル事。其寫ヲ裁判所書記局ヘ納ムル事。等是ナリ

「コミセールドクーウヱルヌマン」ノ求ヲ以テ其地ノ裁判所ヘ云々トハ「ノテール」疾病ニテ職務ヲ勤メ難キトキ名代人ヲ命セラルベキ事ヲ願出サルトキハ「コミセールドクーウヱルヌマン」ヨリ書面ヲ以テ當分名代人ヲ命スベキ旨ヲ裁判所ニ通知スルナリ

「ノテール」疾病事故ニテ引込ミ名代人ヲ命セラルヽ以上ハ都テ其事務ヲ名代人ヘ引渡スベシ而シテ名代人タル者本人ニ代リテ證書ヲ作ルトキハ證

書中ニ某ノ名代人タルコヲ別ニ附記スルニ及ハス且ツ謝金及ヒ入費ハ自ラ請取ルベシ別ニ本人ニ分配スルニ及ハス然レモ實際ニ於テハ本人ト名代人トノ契約ニ依テ名代人請取タル謝金並ニ入費ヲ本人ニ分配スルコ有リ

第五十四條

「ノテール」ノ犯罪此規則ノミニ係ルトキハ「ミニステール ピュブリック」ノ訴ニ依テ民事裁判所ニ於テ之ヲ吟味スベシ

其吟味ノ手續證據立ノ方法控訴ノ手續又其訴ヲ取消

ス事裁判言渡シ及ヒ執行ノ事ニ付テハ都テ治罪法ノ定規ニ従フベシ

登記局ノ主任者又ハ収税官ハ「ノテール」ノ違則ヲ認證スル𪜈ハ證書中ニ何ノ規則ニ戻リタル廉アル旨ヲ明カニシテ之ヲ「コミセールドグーウヱルヌマン」ニ通知ス抑モ「ノテール」ハ登記局官吏ノ監督ヲ受クルニ非ス登記局官吏ハ證書ヲ撿閲シテ犯則ヲ認證スルノ權アルノミ犯則ノ故ヲ以テ「ノテール」ヲ告訴スルノ權ハ「ミニステールピュブリック」ニアリ

「ノテール」規則ニ記載セル罰金ハ(停職免職ハ少シク

之ト異ナリ)懲戒ノ處分タルニ過ス抑モ民法上ノ犯則ハ民事裁判官ノ關知スル所ナリ「ノテール」ノ罰金モ亦然リ其民事ニ止マルヲ以テ之ヲ「デリイ」刑法ニ處スヘキ罪ト看做スヿヲ得ス(一千八百四十三年「オートクール」我大審院ノ如シノ判決)

第五十五條

「ノテール」此規則ニ違フニ付罰金ヲ言渡サルベキノ訴又其官ヲ停止セラルベキノ訴又官ヲ免セラルベキノ訴此三ツノ訴ハ二年ヲ過テ後ニ為スヿヲ得ス而テ其年月ハ第五十五條ニ記載セル其「ノテール」ノ違則ヲ確

認スヘキ日ヨリ起算スベキモノトス

本條ノ規則ハ一般ニ論スルモノナリ登記局ノ官吏ニ於テ期滿得免ノ定期二年內ニ「ノテール」ノ犯則ヲ認證セサルトキハ「ノテール」ハ全ク罰ヲ免カル例ヘハ一千八百七十五年一月一日ニ作リタル證書中ニ讀聞ヲ爲セシ旨ヲ記スルコヲ遺忘シタルニ登記局ニ於テ一千八百七十七年一月二日ニ至リ始メテ之ヲ認識セシトキハ最早「ノテール」ニ罰金ヲ科スルヲ得ス何トナレハ「ノテール」ハ期滿得免ニ賴リテ既ニ其責ヲ免カレタレハナリ

確認スヘキノ日トハ登記役所ノ簿冊ヘ記入スル日ノコナリ登記役所ニ於テハ諸證書ノ調査ヲナスヲ以テナリ

第五十六條

「ノテール」停職ノ言渡書ニハ其名代人ヲ命シタルコヲ付記スベシ其名代人ハ本人ト異ナルコナク其職務ヲ取扱フ者トス

名代人ハ本人ノ預リタル公用ノ書類ヲ何時ニテモ見閲スルノ權アリトス若シ本人之ヲ拒ムトキハ其職ヲ免セラルベシ

停職ニ處セラレタル「ノテール」ノ正本類ヲ他所ニ轉輸スルコハ法律ノ望マサル所ナリ「ノテール」ハ停職ノ畢ルノ日ヲ以テ何ノ法式ヲ行ハス直チニ職務ニ從事スルナリ

第五十七條

既ニ一タヒ停職ノ罰ニ處セラレシ者再ヒ停職ニ處セラルベキノ罪ヲ犯セシトキハ或ハ職ヲ免セラルベシ若シ其罪三タヒニ及フトキハ必ス其職ヲ免セラルベシ一タヒ停職ニ處セラレタル者再犯ノトキハ必ス免職ニ處スルニ非ス其罪停職ノ刑ニ當ルガ故ナリ然レ

モ再度停職ニ處セラレシ後又停職ヲ以テ罰スベキ罪ヲ犯シタルトキハ免職ニ處スベシ此免職ハ王命ニ因ルニアラス裁判所ノ申渡ヲ以テスナリ

第五十八條

「ノテール」ハ其違則ノ罰金ノミニ止ルベキモノナルトキハ預メ其訴ヘヲ止メンガ爲メニ自ラ其罰金ノ多キ員數ト其入費トヲ拂フベシ若シ其事既ニ訴ヘノ手數ニ及ヘリト雖モ之ヲ拂フトキハ其訴フヲ止ムコトヲ得ヘシ其罰金並入費ハ必ス「コミセールドクーウヱルヌマン」ノ許可ヲ得テ之ヲ拂ヒ其請取書ヲ「コミセールドグーウヱ

ルヌマン」ニ出スヘシ
罰金ヲ拂フタル以上ニ非ンハ其申渡ニ付故障ヲ述ル訟ヲ受理セス(「ミニストルドフィナンス」財務執政ノ決議)」
「ノテール」裁判所ノ徵求ナキ前ニ自ラ罰金ヲ拂ハントスルトキハ登記役所ノ長官又ハ收税吏ニ罰金ヲ拂フニ付テノ「アロンディスマン」ノ裁判所ノ「オフヰシエードジユスチス」ノ許可書ヲ送ルヘシ其書中ニハ罰金ノ受取書ヲ「ミニステールピユブリック」ニ送達スヘキ期日ヲ記スナリ
「ノテール」裁判所ノ催促ナキ前ニ自ラ罰金ヲ拂フタ

ルキハ其受取書ノ印紙税ヲ拂フヘシ

「ノテール」ハ登記役所ヨリ罰金並ニ入費ノ請取書ニ葉ヲ受取一葉ハ「コミセールドグウヱルヌマン」ヘ差出シ一葉ハ自ラ所持スルナリ

登記役所ノ官吏「ノテール」ノ違則ヲ知レハ其始末書ヲ作ラサル前ニ其事ヲ「ノテール」エ通達ス「ノテール」直チニ其違則ニ當ル罰金ヲ拂フヿアリ然ルキハ登記役所ニ於テ假リニ其預リ書ヲ渡シ置キ別ニ違則ノ始末書ヲ作リ其寫ヲ「ノテール」ニ與ヘ本書ハ「オフヰシエードジュスチス」ニ送ル而シテ「ノテ

ール」ハ「オフヰシエードジュスチス」ニ罰金ヲ拂フヘキ許可ヲ請ヒ罰金ノ高ハ「オフヰシエードジュスチス」之レヲ定ム其ノ許可ヲ得タル後登記役所ノ官吏始テ眞ノ罰金請取書ヲ作リ其「ノテール」ヘ渡シ置タル假リノ預リ書ト引替ルモノトス

第五十九條

登記役所ノ官吏「ノテール」ノ違則ヲ知リタル𪜈ハ其一件毎ニ其始末書ヲ認メ三日ノ内ニ其寫ヲ該「ノテール」ニ渡スヘシ

其本書ハ認メシ日ヨリ一月内ニ「オフヰシエードジュスチ

ス」ニ送ルヘシ

始末書及ヒ其寫ニハ登記役所ノ收税吏手署スルナリ

此寫ハ「ノテール」ノ違則罰金ノミニ止マルキ其「ノテール」自ラ之ヲ拂ハンコヲ「コミセールドグーウヱルヌマン」ニ請フキ要用ノモノナリ

登記役所ノ官吏ハ第三十八條第一項ノ違則罰金ヲ以テ罰スヘキモノニ非スト雖モ其始末書ヲ作ルヘシ(千八百四十三年「ミニストルドフィナンス」ノ決議)何トナレハ第五十九條ノ定規ハ一般ニシテ違則ノ罰

金ニ止マルト否トヲ區別セス而シテ「コミセールドグーウヱルヌマン」ハ始末書ヲ得テ後第五十條ヲ履行スヘキカ否ヤヲ判定ス

「ノテール」自ラ拂フヘキ罰金ノ高ハ「オフヰシヱードジュスチス」之ヲ定ムヘシ登記役所ノ長官之ヲ定ムヘカラス（千八百四十五年「ミニストルドフィナンス」ノ決議）

登記役所ノ長官ハ違則ヲ見認ムノミ書入質役所ノ官吏ハ之ヲ見認ムルヲ得ス違則アルトキハ之ヲ其長官ニ通知スルヲ得ルノミ

始末書ヲ郵便ニテ「ノテール」ニ送達シタルトキハ假令

ヒ「ノテール」之ヲ受取ルコヲ拒ムト雖モ「ノデール」必ス之ヲ受取リタルモノト看做スヘシ千八百五十年或判決

今日ニ於テ前項ノ如キ事ハ勿論假令ヒ始末書ヲ書留郵便ニテ「ノテール」ニ送達スルトモ「ノテール」之ヲ受取リタルモノトセス故ニ使吏ヲ以テ之ヲ送達スルニ非スンハ正當ノ手續ヲ踐サルモノトス

始末書ハ違則ヲ見認メタル後直ニ作ルニ非レハ其効ナシトス

「ノテール」ノ證書ヲ登記役所ノ簿冊ニ登記スル日ニ其違則ヲ確認セスシテ其後心付タレハ其日ヨ

リ三日内ニ始末書ノ寫ヲ「ノテール」ニ渡スナリ
又證書中ニ空白ノ所アリテ其違則ヲ登記役所ヨリ「ノテール」ヘ達スル𪜈「ノテール」界紙粗惡ニテ空白セサルヲ得サルヿ等ニ托シ罰金ヲ拂フヿヲ肯セサルニ於テハ始末書ヲ作リ寫ヲ「ノテール」ヘ達シ置キ本書ヲ「オフ井シヱードヂュスチス」ヘ達スルヿヲ三十日間猶豫スルヿアリ
右日限中違則ノヿヲ「ノテール」悔悟シテ罰金ヲ拂フ𪜈ハ前手續ニヨルト雖𪜈右日限ヲ過キ尚ホ拂ハサル𪜈ハ始末書ノ本書ヲ「オフ井シヱードヂュスチ

ス」ニ達ス「オフヰシエーードジュスチス」ハ之ヲ裁判所ニ達ス而シテ後ニ裁判ニ取係ルナリ末項ノ三十日ハ違規ヲ知リタル日ヨリ計算スルナリ

第六十條

「ノテール」ノ受ヘキ謝金ノ高及ヒ立替タル入費ノ高ヲ定ムル方法ハ其定則ノ表ニ隨フヘシ「ノテール」ハ何樣ノ場合ト雖モ此定則ノ外謝金ヲ受クルヲ得ス且ツ其定則書ハ三年ノ後ニ議事院ノ議ヲ經テ法律トナルヘシ

千八百四十七年三月三十一日ノ法律ハ「ノテール」謝金表ヲ制定シタリ

第五章　證書ノ正本證書ノ見出帳及ヒ諸簿冊ヲ保存シ及ヒ搬運スル事

第六十一條

「ノテール」其預ル證書ノ正本證書ノ見出帳並ニ諸簿冊類ハ順序ヲ立テ整理シ之ヲ保存スル爲メ定マリシ無難ノ場所ヘ錠ヲ鎖シテ之ヲ藏メ置クヘシ

諸正本諸見出帳及ヒ其他ノ諸簿冊ヲ保存スルハ尤モ緊要ノ事トス此條ニ諸證書ヲ保存ストヽ云フハ之

ヲ安全ノ場所ニ置キ保存スヘシト云フ義ナリ(第七十一條見合)

此條ニ於テ簿册ト云フハ證書庫ニアル諸證書ノ捜索ヲ容易ニスルタメノ簿册又其他右等ノ事ニ關スル簿册ヲ云フ

第六十二條

「ノテール」死去スルトキハ其跡ヲ管理スル者ヨリ二十四時間ニ其「ノテール」ノ住所ノ「アロンディスマン」ノ裁判所ノ「オフィシエードジュスチス」へ其事ヲ報知スヘシ佛民法第千三百七十條見合

又職ヲ免セラレタルト他ノ「カントン」ニ移サレタル「ノテール」モ亦同時間ニ其報知ヲナスヘシ

前二項ノ場合ニ於テ「ノテール」ノ住所ト裁判所ト距離十二時間ノ行程ヲ過レハ十二時間行程毎ニ二十四時間ノ猶豫ヲ與フヘシ但シ端時間ノ猶豫モ亦二十四時間トス

管理スル者トハ遺物ヲ處分スルニ委任サレタルモノヲ云フ

「オフ（非）シヱードジュスチス」ニ報知ヲナスハ口上ニテナスヿアリ又書状ニテナスヿアリ

此條ノ犯罪ハ罰セス然レ𪜈管理者「ノテール」ノ死去シタルヿヲ報知セサルキハ夫レカタメ生シタル損害ハ管理者ノ責ニ任ス

「アロンディスマン」ノ首府ト「ノテール」ノ住地トノ距離ヲ算フルハ例ヘハ其行程ニ費ス所十三時以上二十四時以下ナルキハ四十八時間ノ猶豫ヲ與ヘ二十五時以上三十六時以下ノ所ハ七十二時間ノ猶豫ヲ與フナリ

第六十三條

死去退職或ハ轉職ノ「ノテール」ノ住居セシ「アロンディス

マン」ノ裁判所ノ「ミニステールピユブリツク」ハ「オフヰシエードヂユスチス」ヨリ其報知ヲ得タルトキ又報知ナクモ之ヲ知リ得タルトキハ速ニ其附近ノ「ノテール」ニ其代理人ヲ命スルヿニ注意スヘシ（其名代人ノ用捨ハ「アロンディスマン」ノ裁判所ノ裁判官權内ニアルモノトス）

「ノテール」免職シタルトキモ亦前項ニ同シトス

停職ノ事ニ付テハ第五十六條ヲ見合スヘシ

代理「ノテール」ヲ命スルノ目的ハ第六十四條第六十五條ニアリ

第六十四條

代理人タル「ノテール」ハ其本任者ノ保持セシ證書類ヲ取纏メ而シテ未タ登記役所ノ登記ヲ經サル證書アルトキハ之ヲ登記シ其奉職中一切ノ事務ヲ引繼クヘシ其引續ク所ノ證書ノ正本見出張及ヒ其他ノ簿冊ノ總目錄二本ヲ簡畧ニ作リ其代理人タルノ命ヲ受ケシ日ヨリ六週間ニ其一本ヲ「アロンディスマン」ノ裁判所ノ書記局ヘ納ムヘシ若シ其期ヲ怠ルトキハ一週間毎ニ二十「フランク」ノ罰金ヲ科セラルヘシ

其定マリシ時間ニ其死者ノ跡ヲ管理スル者ニモ亦其一本ニ自ラ手署シテ與フヘシ若シ此事ヲ怠ルトキハ其

罰金ハ上ニ同シ

若シ前二項三項ノ期限ヲ怠ル三ケ月ニ及フトキハ其代理人タル「ノテール」ハ三ケ月間其官ヲ停止セラレ其三ケ月間猶怠ルトキハ其官ヲ免セラルヘシ

第六十三條ニ依ルトキハ代理「ノテール」ハ免職死去等ノ「ノテール」ノ正本ヲ預ルヘキ者ナリ故ニ第二月迄ニハ見出帳ノ寫ヲ裁判所ニ納ムヘキモノトス（第四十八條ヲ見ルヘシ）

舊「ノテール」ノ正本其見出帳ト符合スルトキハ代理「ノテール」ハ其目錄書ヲ作リ又其正本中ニ不足アルトキ

ハ存在セル諸正本ヲ目錄書ニ明記シ存在セサルモノハ記スニ及ハス

代理「ノテール」ハ己ノ作リタル目錄書ヲ己レノ見出帳ニ記入スヘシ其寫ハ裁判所ニ送ルノミナラス死去シタル「ノテール」ノ管理者又免職辭職或ハ他所ニ轉移シタル「ノテール」ニ送ルヘシ

代理「ノテール」目錄書ノ寫ヲ裁判所ニ納メス又管理者及ヒ舊「ノテール」ニ送ラサルトキハ此條ニ記シタル罰ヲ科スヘシ

第六十五條

舊「ノテール」ノ總テノ書類ハ其新任ノ者命セラルヽ迄ハ其代理人タル者ニ預リ保ツヘキ者トス而シテ其新任ノ「ノテール」初テ職務ヲ行フ日ヨリ二週間ニ其代理人ハ是レ迄預リ保チシ書類ヲ盡ク其人ニ渡スヘシ

若シ以後此ノ場所ニ「ノテール」ヲ置カサルニ於テハ其舊「ノテール」ノ預リ置タル證書其他ノ書類日附ヨリ三十年以内ノモノハ代理人預リ置其日附ヨリ三十年以外ノモノハ以後「ノテール」ヲ置カサルヿノ決定セシ日ヨリ三ケ月間決定ノ日ヨリ起算シ九十日ニ盈ルノ間ニ第六十九條ニ記シタル「アロンディスマン」ノ證書預リ役所ヘ送ルヘシ

若シ其場所ニ新任ヲ命セラレタル片ハ其「ノテール」ハ代理人ヨリ證書其他ノ書類ヲ請取タル後チ三ケ月間ニ前條ニ從ヒ三十年ヲ過タル證書其他ノ書類ヲ證書預リ役所ヘ納ムヘキモノトス

新任「ノテール」ノ命セラレタルヿヲ代理「ノテール」ニ通知スル手續ヲ法律ニ於テ定メス故ニ「オフヰシエードジユスチス」ハ唯通常ノ書状ヲ以テ其通知ヲナスナリ

舊「ノテール」ノ證書庫ヲ預リ人タル「ノテール」ハ其證書中ニ加書塗抹追加等ノ定規ニ違背シタル事アル

トキハ之ヲ目錄書ニ記載スルヲ善トス舊「ノテール」ノ受クヘキ責ヲ己ニ擔當セサルカタメナリ

三十年以前ノ證書類ヲ一旦引渡ス後若シ其證書ノ內入用アルトキハ預リ役所ノ官吏其代理人ニ其必要トスル正本ノ寫ヲ認メテ渡スナリ

三十年ヲ算スルハ證書ヲ作リタル年ハ月數ニ拘ハラス一ケ年トシ結局ノ年ハ前年迄ニ止マリ其年ハ算入セス故ニ前年十二月三十一日迄ノ分ヲ納メテ其年一月一日以後ノ分ヲ預リ置ナリ

第六十六條

前條ニ記シタル間ニ若シ舊キ證書類ヲ預リ役所ヘ納ムルコヲ怠リタルトキハ其怠リノ一週毎ニ二十「フランク」ノ罰金ヲ科セラルヘシ「アロンディスマン」ノ裁判所ノ「ミニステートルピュブリック」ハ其「ノテール」ノ舊キ證書類ヲ預リ役所ヘ納ムルコヲ監督スヘシ其一週毎ニ罰金ノ增加スルニハ搬運全ク了リシ日數ヲ算計スヘシ

舊「ノテール」ノ書類ヲ新任者ニ引渡ハ十五日間ニシ其書類ヲ證書預役所ニ引渡ハ三ケ月間トス若シ此規ニ違フトキハ此條ニ記シタル罰金ニ科セラルヘシ

舊キ證書ヲ納ムルハ必ス最上席ノ「ノテール」並ニ

本人（第六十七條第四項見合）立會ニテ納ムルモノトス若シ最上席ノ「ノテール」事故アレハ「コミセールドグーウェルヌマン」ヨリ其代人ヲ命ス其代人ハ本人ノ次ノ上席人ヲ用ヰルモノトス

第六十七條

新任ノ「ノテール」其舊キ證書類ヲ預リ役所ノ官吏ヘ納メタル𪜈ハ見出帳ノ卷末ニ其納メタルヿヲ書記スヘシ而メ役所ノ官吏モ亦之ヲ請取タルヿヲ同所ニ記スヘシ

若シ舊キ證書類ニ不足ノ者アレハ又其不足スル書類

ノ年月日ト番號トヲ記スヘシ
舊キ證書類ヲ預リ役所ニ納ムルキハ其授受ニ關セサル「ノテール」始末書ヲ作リ其納メタル「ノテール」ニ寫一枚ヲ與フヘシ
「ノテール」他ニ於テ勤職ノ年數アリト雖𪜈「アロンディスマン」ノ首府ニ於テ新任ヲ承ケタルキハ其同僚中ノ最下席タルモノトス其「ノテール」舊キ證書ヲ預リ役所ニ納ムルキハ其府最上席ノ「ノテール」始末書ヲ作ルヘシ
其納メタルコヲ書記ス云々法律ニ於テ其書式ヲ定メス故ニ諸證書ヲ引渡シタルコヲ記スノミ

始末書ハ公正ノ證書ナリ故ニ證書證人ノ面前ニ於テ認ムヘキモノトス

預役所ニ引渡セシ事ト請取リタルコトハ見出目錄帳ニ記ス

始末書ハ最新ノ「ノテール」或ハ假任「ノテール」之ヲ作リ其寫ヲ引渡ヲナシタル者ニ渡スヘシ

此始末書ハ見出帳ニ記入ス且蘭國ニ於テハ之ヲ發記役所ノ簿册ニ發記スルナリ之ヲ書スニハ通常ノ紙ヲ用ヰルナリ

第六十八條

死去セシ「ノテール」ノ生前ニ自書シ置タル願書ヲ以テ同「コンミュン」或ハ同「カントン」ニ住居セル他ノ「ノテール」ヲ其代理人ニ推擧シ「アロンディスマン」ノ裁判所ニ於テ之ヲ採用スルトキハ前數條ニ記シタル代理人ノ手續ヲナスニ及ハス

其願書ハ死者ノ跡ヲ管理スル者第六十二條ニ記スル死去ノ報知ト共ニ裁判所ヘ出シ差圖ヲ請フヘシ

其死去セシ「ノテール」ノ證書類ヲ預リ保ツヿト又其三十年ヨリ以前ノ證書類ヲ證書預リ役所ヘ納ムルヿニ付テハ其「ノテール」ノ後任ヲ置カサルト決シタルトキハ

前數條ニ記セシ規則ハ其死者ヨリ推擧セラレシ代理人之ヲ遵守スヘシ

自書シ置キタル願書云々如此キ書ハ遺言書ト看做ナリ

蘭國ニ於テ「ノテール」ノ株ヲ賣買スルヿヲ廢シタリ「ノテール」死後ヲ慮リ豫メ代理「ノテール」ヲ證書ヲ以テ指定シ置クハ民法第九百八十二條及ヒ第九百八十條ニ根キタルモノナリ此等ノ條ハ全ク蘭國ノミニ存在スルモノニシテ即「ノテール」ハ其正本ヲ其子又其朋友ニ贈遺スルノ權アリトノ慣習ニ據リタル

モノナリ但此慣習ハ既ニ廢シタリ

如此證書ハ民法九百八十三條ニ從ヒ他ノ「ノテール」ニ預ケ置クベキモノトス

「ノテール」死去シタル後前項ノ如キ證書アリタルトキ訴訟法第九百二十條ノ定規ヲ履行スベシ

「オフヰシエードジュスチス」ハ死去シタル「ノテール」ノ指定シタル代理「ノテール」ヲ命セサルノ權アリ之ヲ取捨スルハ「ミニステールピュブリック」ノ權內ニアレハナリ」

代理「ノテール」指定請ニ付テ別段法式ナシ故ニ通常ノ書狀ヲ以テ之ヲ認メ置クモ妨ケナシトス

「ノテール」死去シテヨリ二十四時間後ニ代理人指定書アルヲ知ルト雖モ其効アリトス但シ之ヲ採用スルト否トハ「ミニステールピュブリック」ノ見込ニアリ實際ニ於テハ「ノテール」若シ死後ノ代理人ヲ指定スルキハ此旨ヲ豫メ代理人トナサントスル「ノテール」ニ通知シ又其指定書ノ寫ヲ豫メ送ルヿアリ

第六十九條

裁判所々在ノ「アロンディスマン」ノ首府ニハ證書類預リ役所ヲ設クベシ

證書預リ役所ハ裁判所内ニ於テ書記局ト別異ニスベ

シ

其證書類ヲ預ルハ府下ニ於テ最下席ノ「ノテール」ノ任トス此書類ノ寫等ヲ出スコハ通常取扱方ニ異ナルコナシ且ツ第四十一條ニ記セシ場合ノ外他ニ書類ヲ出スコヲ得ス若シ之ニ違フヰハ各一件毎ニ百「フランク」ノ罰金ヲ科セラルベシ

最新任ノ「ノテール」ヲ以テ證書預リ役所ノ監守人トス故ニ假トヒ「ノテール」國王ノ許可ヲ得テ住所ノ地ヲ替ヘ「アロンディスマン」ノ首府ニ轉居スルコアルモ監守人トナラス如何トナレハ其地ニ居ルノ新舊ヲ

以テセス其受任ノ新舊ニ依レハナリ

證書預リ役所ニ在ル書類ハ他ニ出スヘカラス故ニ其書類ノ寫等ヲ要スルトキハ其役所内ニ於テスヘシ」

右ノ書類ニ付テノ謝金ハ監守人ニ屬スルモノトス

裁判所ニアル證書預役所ノ倉庫等建築スル入費ハ官ヨリ出ス自己ノ役所ニアル倉庫ハ自費タルモノトス

第七十條

死去又ハ退職シタル「ノテール」其舊キ證書類ヲ從來ノ法ニ依リ「アロンディスマン」内ノ各村ニ在ル預リ所ヘ置

シモノアレハ此規則ヲ施行セシ日ヨリ後六ヶ月間ニ「アロンディスマン」ノ首府ノ證書預リ役所ヘ運ヒ移スヘシ」此條ハ該「ノテール」規則ヲ施行スルニ付テノ一時ノ處分法ナリ

第七十一條

「ノテール」ハ其役所ニアル三十年ヨリ以前ニ係リシ證書類ヲ其預リ役所ヘ納ムルヿヲ願ヒ得ベシ其許ヲ得テ之ヲ納ムルヿハ第六十七條ノ規則ニ遵フベシ

證書ノ引渡ノ手續ハ第六十七條ニ從ヒナスベシ

始末書ヲ登記役所ノ簿册ニ登記スルハ無税ナリ此始末書ハ監守人之ヲ作リ其見出帳ニ記入スベシ舊キ證書ヲ納ムルハ「ノテール」ノ見込ニヨツテ適宜ニ納ムルナリ而シテ之ヲ納メント欲スルトキハ裁判所へ願出ルナリ

第七十二條

「アロンディスマン」ノ首府ニ於テ最下席ノ「ノテール」死去免職轉移停職ノ時其證書預リノ權ハ新任ノ「ノテール」ノ命セラルヽ迄ハ其現任中下席ノ「ノテール」ニ歸スル者トス

其新任ノモノハ其職ヲ行フ日ヨリ二週間ニ預リ役所ノ任ヲ擔當スヘシ

此條ノ引渡ヲナスニ付別段定メラレタル手續ナシ實際ニ於テハ引繼人ハ正ニ受取リタルヿヲ認メタル證書ヲ引渡人ニ渡スノミ

第六章　追加諸規則

第七十三條

此ノ規則ニ明記スルヿノ外若シ證書ノ認メ方違規ノ故ヲ以テ其證書公正ノ効ヲ失ヒ唯私ノ證書ノ力ノミアルキト雖モ之レカ爲メ人ノ損害トナルヿアレハ其證

書ヲ認メシ「ノテール」之ヲ償フベシ若シ又文章上ニ詐僞不直ノ所爲アル時ハ其償ヒノ外又相當ノ罰ヲ請クベシ

「ノテール」ハ違規ヨリ生スル損害ヲ償フベキ事ハ各條中ニ記シアリト雖モ此條ハ一般ノ定規ナリ故ニ此條ハ何レノ場合ヲ問ハス「ノテール」ノ違規ヨリ損害ノ生シタル時ハ適用スベシ

「ノテール」ノ相續人ハ其「ノテール」ノ囑托人ニ對シ償フベキ損害ヲ擔當スベシ

「ノテール」ハ諸證書ヲ作ルヲ以テ己レノ任トス故ニ

證書ニ記シタル事柄ノ錯誤ヨリ生スル損害ハ其責ニ任セサルモノトス

「ノテール」ハ囑托人ニ對シ證書ノ寫中ニ過誤アルモ其責ニ任セス何トナレハ此事ヨリ損害ノ生スルヿナケレハナリ(千八百三十二年「クールドカッサシヨン」ノ判決)

「ノテール」ハ囑托人ノ契約ノ適法不適法ヲ判スルノ權ナシ又「ノテール」ハ囑托人ノ望ミニヨリ證書中ニ記シタル事ニ付テハ責任スルノ理ナシ(千八百五十一年或判決)

第七十四條

第六十條ニ記シタル所ノ謝金定則頒布迄ハ舊法ニ依リテ謝金ヲ受クベシ若シ證書ノ本人ト某「ノテール」トノ間謝金ノ爭ヒヲ生スルトキハ「ノテール」住居ノ「アロンディスマン」ノ裁判所ノ上席人之ヲ裁判スベシ

幼者又ハ管財人アル丁年者又ハ財産ノ高ニ至ルノ負債ヲ引請ル相續人又ハ遺物ヲ受ル分散人又ハ相續人ナキ遺物ニ付テノ證書ノ謝金ヲ請ルニハ裁判所ノ差圖ヲ乞フベシ

謝金ノ事ニ付「ノテール」ト囑托人トノ間ニ故障ノ起

ルトキハ何レノ場合ヲ問ハス裁判所ニ於テ之ヲ判ス」

第二項裁判所ノ差圖ヲ請フ云々此ノ理由ハ不能力者ヲ保護スルカタメナリ

此條ハ一時ノ處分法ニシテ千八百四十七年三月三十一日布告「ノテール」謝金定則表ヲ以テ改正シタリ

（第六十條見合）

第七十五條

此規則施行以前ヨリ命セラレタル「ノテール」ハ其任所ノ「アロンディスマン」ニ於テ此規則ニ從ヒ其職ヲ勤ムベシ」

又此規則施行以前ヨリ兼任スベカラサル他官ヲ兼任

セル「ノテール」ハ第八條禁止ノ限ニアラス
本條ハ此法第三條ニ制定シタル定則ニ根キタルモノナリ而シテ此法頒布以前ノ「ノテール」ノ職務ノ權ニ付テハ佛法第五條ヲ見ルベシ

第七十六條

前條第一項ニ云フ所ノ「ノテール」ハ此規則ヲ施行スル日ヨリ一ケ月間ニ其住所ノ「アロンディスマン」ノ裁判所ニ於テ第十八條ノ規則ニ從ヒ誓ヲナスベシ
此法頒布以前ニ命セラレタル「ノテール」ト其以後ニ命セラレタル「ノテール」ト對等ニスルタメ此條ニ於

テ其頒布以前ニ命セラレタル「ノテール」ト雖モ吏ニ第十八條ニ從ヒ誓ヲナスベシト定メタリ

此法頒布以前ニ存在シタル「ノテール」ノ株賣買ノヿハ第十八條ノ誓文第七項(「ノテール」ノ職ヲ求ムルニ付何レノ物ヲ論セス人ニ與ヘ又己ニ受ケタルヿナシ)ヲ誓フタルトキハナスヿ能ハサルモノトス

佛「ノテール」規則第四十七條ニ於テハ公ノ官吏一般ノ誓ノヿノミ定メ別段「ノテール」ノ誓ノヿヲ定メス其誓ヒモ「ノテール」ノ職ヲ得ルタメニ人ニ賄賂ヲ贈リ又ハ贈ラント約シタルヿナキト云フ件ヲ除

キ他ハ皆第十八條ノ如クスベシ

國王ハ其誓ノ延期ヲ許スノ權アリトス

「ノテール」ハ第二十條ノ規則ヲ執リ行フベシ而シテ第四十五條ノ規則ニ従ヒ印判ヲ製造シ之ヲ用井ベシ

第七十七條

此規則施行以前ニ舊法ニ依リ「ノテール」トナルベキノ免許狀ヲ得テ滿二十三歳ニ及ヒタル者ハ試驗ヲ受ケスシテ「ノテール」タルヲ得ベシ然レモ舊法ニ従ヒ二等「ノテール」トナルタメ必要ナル年間筆生ヲ勤メタリシ

證ヲ出サヽルヘカラス蘭國此規則施行ノ前ハ佛國ノ「ノテール」規則ヲ用ヰタリ佛ノ「ノテール」ニハ等級アリ故ニ二等云々トアルナリ

此條ハ「ノテール」取締局ノ第二等「ノテール」トナルヘキ證ヲ有シタル者ハ第十條及第十一條ニ定メタル試驗ヲ受ケスシテ「ノテール」トナルヲ得ヘキヿヲ定ム（佛法第三十六條ヨリ第四十一條見合）

第七十八條

現任「ノテール」ノ數第三條ニ記シタル定數ヲ越ル場合ニ於テハ定數ニ至ラシムルタメニ國王ハ二人ノ欠員アル𪜈ハ一人ヲ命スルノ權アリトス

此法頒布ノ時各「プロヴンス」ニ在ル「ノテール」ノ員數第三條ノ定數ヲ超過スルヿ三分ノ一ナリキ

當時「ノテール」ノ員數ヲシテ法ノ定數ニ減スルニ非ラサレハ更ニ「ノテール」ヲ命セスト定ムルトキハ各「コンミユン」中或ハ一ノ「ノテール」ナキニ至ルノ弊アラン故ニ更ニ「ノテール」ヲ命スルニ付其死去免職辭職轉移等アル場合ヲ酌量シ命スルノ特權ヲ國王ニ附與スルトキハ漸ヲ追テ「ノテール」ノ員數ヲ法ノ定數ニ至ラシムルヲ得是此條ノ理由ナリ

定員ニ踰ヘタル（第三條ヲ見ルヘシ）「ノテール」ヲ遞

減スルハ縦令ハ一「カントン」ニ二人ノ定員ナレトモ若シ五人アルトキハ其内二人欠員スル毎ニ場合ヲ酌量シ一人ヲ命シ一人ヲ欠員ノ儘ニシテ漸次ニ遞減シ定員ニ至ラシムルナリ

第七十九條

此規則ニ依テ廢シタル舊來ノ「ノテール」取締局ニ預リタル諸記錄ハ該局ノ舊記此規則頒布ノ日ヨリ三ケ月間ニ各「アロンヂィスマン」ノ證書預リ役所ヘ納ムヘシ若シ之ニ違フトキハ第六十六條ニ從ヒ其怠リノ一週日毎ニ二十「フランク」ノ罰金ヲ科セラルヘシ

各「アロンディスマン」ノ證書預リ役所ノ「ノテール」モ亦第六十九條ニ從フベシ

若シ取締局ニ在ル諸書類ヲ此條ニ從ヒ各「アロンディスマン」ノ證書預リ役所ニ納メサルトキハ裁判所ノ許可ヲ得テ「ミニステールピュブリック」ニ於テ之ヲナスベシ

第八十條

國王此規則ヲ一般ニ施行スル日時ヲ定メシ以後ハ舊法ハ總テ廢止スル者ナリ

第八十一條

此規則ハ官ノ新聞紙ヲ以テ公告シ而シテ此規則ニ關係スル諸官省及ヒ各官吏ハ此規則ノ細密ニ行ハルヽ樣ニ勉メテ能ク之ヲ保護スベシ

千八百四十二年第七月九日「ハーグ」ニ於テ

王名花押

「ディレクテユールデユカビテーデユロワー」内閣參議院長官

姓名花押

千八百四十二年第七月十三日布告

「ディレクテユールデユカビテーデユロワー」姓名花押

謝金及立替金並裁判所ニテ謝金ノ高ヲ定ムル事

第一條

正本ヲ留置トモ正本ヲ留置カサルトモ隨意ナル證書ニ付「ノテール」ハ定額ノ謝金ヲ受クベシ若シ本人ノ望ミニ因リ正本ヲ留置ト雖モ其謝金ハ定額ノ通タルベシ但シ第二條ニ記載スル事ハ此限ニアラス

草案及ヒ正本ヲ作リ之ヲ讀聞セ及ヒ其間ノ談判ヲ併セテ一通ノ證書ニ付其謝金六「フランク」トス

若シ此種ノ證書別段ニ長文ナレハ謝金九「フランク」ニ增加ス

此種ノ證書ヲ數通一時ニ出スヰハ内一通ハ定額ノ謝金其餘ハ一通ニ付半額ツヽノ謝金ヲ受クヘシ
此種ノ證書ノ正本ヲ本人ヨリ願ハサルニ「ノテール」自ラ心得ノ爲メ之ヲ作ルヰハ別ニ謝金ヲ受クヘカラス

第二條

「ノテール」謝金左ノ如シ

第一

爲替手形又ハ振出手形等ノ承諾ヲ拒ミ或ハ拂ヒヲ拒ハマレシニ付テノ要償ノ證書ハ六「フランク」此ノ金高ノ中ニハ登記簿册ニ記シタル寫ノ税モ含ム也　但シ此證書類ニ他人關渉ス

ル事ヲ記入スルトキハ一「フランク」半ヲ增ス（佛商法百十八條以下見合スヘシ但シ以下同商法百二十六條見合スヘシ）

第二

提供ノ金高ヲ拒ムノ證書並ニ其金高ヲ預リ役所ニ預クル證書ニ付五「フランク」半（此ノ謝金ノ中ニハ寫ノ入費モ入ルナリ）

第三

前第一第二ノ場合ニ付テハ證人一名ニ付半「フランク」宛ヲ取立證人ニ渡スヘシ

右等ノ事ニ付「ノテール」他行ノトキハ此條ノ謝金ノ外ニ一時間行程（凡一里十六丁許）ニ付並ニ雜費等ノ爲メニ二「フラ

ンク」ヲ受クヘシ但シ歸路里數ハ算セス

半時間ニ及ハサル行程ハ路費ヲ受クヘカラス若又此條ニ記スル一事件ニ付他出ノ時脇道ヘ立寄トキハ其里數ヲ算入シテ路費ヲ定ムヘシ各證人ノ路費ハ右ノ半減トス

第三條

正本ヲ留メ置ヘキ證書ニ付「ソテール」受クヘキ謝金ハ左ノ如シ

初メノ談判ヨリ草案及ヒ正本手署總テノ手數ヲ併セテ時間ノ一時ニ付三「フランク」ノ謝金ヲ受クヘシ但シ

未滿ノ端數ハ一時ヲ以テ算スヘシ

第四條

前第三條ニ記載スルノ外「ノテール」ハ次條ノ事ニ付別段ノ謝金ヲ受クヘシ

第一

第七年即チ千七百九十八年三月廿二日ノ定規ニ記載シタル動産競賣ノヿヲ除キ民法ノ五百六十二條五百六十三條五百六十四條五百六十七條ニ記載シタル不動産ノ競賣及ヒ十噸以上ノ船ノ競賣ノ𪜈其賣極タル價六千「フランク」以下ハ百分ノ一滿二萬「フ

ランク」以下ハ二百分ノ一此ノ場合ニテハ二萬「フランク」ノ内六千「フランク」迄ハ百分ノ一ノ割合ヲ以テ引去リ殘リ一萬四千「フランク」ヲ二百分ノ一ヲ以テ計算スルナリ滿五萬「フランク」以下ハ四百分ノ一五萬「フランク」ノ内六千「フランク」迄ハ百分ノ一一萬四千「フランク」迄ハ二百分ノ一ノ割合ヲ以テ算シ即チ合數二萬「フランク」ヲ引去リ殘リ三萬「フランク」ヲ四百分ノ一ヲ以テ算スルナリ滿五萬「フランク」以上ハ八百分ノ一此ノ場合ニ於テハ滿五萬「フランク」ノ内二萬「フランク」迄ハ百分ノ一ト又二百分ノ一ヲ以テ算シ殘リ三萬「フランク」ハ四百分ノ一ヲ以テシ以上殘高ヲ八百分一ノ割合ニテ算スルナリヲ受クヘシ

一人ニテ不動產各種ノ物ヲ同時ニ競賣ニナスキハ各種ノ價ヲ合算シ前遞減ノ法ヲ以テ其謝金ヲ請クヘシ

第二　不動産ノ競賣ニハ其賃貸高ニ付二百分ノ一ヲ受クヘシ

不動産ヲ賃貸スニ數年間ナルトキハ初メノ二年間ハ一ケ年賃貸ノ高二百分ノ一ツヽ其餘ノ年數ニハ其半減ヲ請クヘシ

第五條

第一　「ノテール」自ラ作リタルト他人ノ作リタルトヲ問ハス其役所ニ預タル證書ノ副本及ヒ寫拔抄又ハ他ヨ

リ原書ヲ持シ來テ賴ム證書ノ寫ハ紙一枚ニ付謝金一「フランク」ヲ取立ツ可シ一枚ハ二十七行ニテ而其一行ハ十二字（シラーブ）ヲ云フ字數ノ一行ニ滿タサル者ハ亦一行ヲ以テ算ス可シ」若シ其草案ノ寫ヲ請フキハ右謝金ノ半ヲ受クヘシ本人持歸リテ相談スルガ為メニ草按ノ寫ヲ請フヿアリ

第二

「ノテール」證書ヲ作ルニ付書簡ヲ作リ或ハ來簡ヲ讀ム時ハ謝金一「フランク」半ヲ受クヘシ此書簡類別段緊要ノヿニテ長文ナルキハ第三條ノ通リ謝金ヲ受クヘシ

第六條

「ノテール」ハ證書ヲ作ル爲ニ用井ル所ノ印紙税登記税及ヒ郵便賃ヲ立替ルノ外證人每一人一時迄ノ時間ニ付半「フランク」ノ謝金ヲ立替ヘシ此證人各一人ノ謝金ハ一事件ニ付一日三「フランク」ヲ越ユヘカラス第二條ノ第三ニ記載スルヿト相觸ルヽナカレ

第七條

「ノテール」ハ第二條ニ記載セル外證書本人ノ願ニ依リ或ハ規則ニ依テ其役所外ニ出ルトキハ其事件ニ付テ定

マリタル謝金ノ外一時間行程ニ付三「フランク」ノ謝金ヲ請ク可シ但半時間以内ノ行程並ニ歸路ハ謝金ヲ受クヘカラス其他旅籠料及ヒ船車賃等ノ雜費ヲ受クルニハ成ヘク丈ケ證據ヲ以テスヘシ

第八條

「ノテール」證書本人ヨリ其計算書ヲ請フキハ「ノテール」ハ之ヲ拒ムコヲ得ス計算書ニハ謝金立替金並ニ其事ノ年月日ト又時間ヲ以テ計ル謝金ハ其時間ヲ詳ニ認ムヘシ其事件ニ直接ニ關係セサルコヲ認ムヘカラス

第九條

本人ニ於テ謝金ヲ拂フヿヲ怠リ或ハ拒ムキ又ハ第七十四條第三項ニ記載スルヿニ於テハ必ス明細書ヲ以テ裁判所ノ差圖ヲ乞フヘシ

第十條

裁判所ノ調査ハ「ノテール」ノ住所ノ「アロンディスマン」ノ裁判所上席人或ハ其委員ニテ之ヲ爲シ其計算書ハ證印紙ニ書シ其書式ハ謝金及ヒ立替金ノ廉々逐一區分明細ニ記載シ其紙末ニ餘白ヲ存シ裁判官ノ改正ヲ記スル爲メニ備ヘ置クヘシ

此計算書ノ下ニ「ノテール」其計算書ヲ納ムト記シテ手

署シ其傍ニ年月日ヲ記スヘシ

第十一條

未タ調査セサル前ニ裁判所上席人或ハ其委員ハ其計算書ヲ「ゴミセールドクウヱルマン」ニ渡シテ其意見ヲ問ヒ「ミニステールピユブリツク」ハ其意見ヲ書シ裁判所ニ返スヘシ

其「ミニステールピユブリツク」及ヒ裁判所上席人ハ入用ノ書類ヲ閲スル爲メニ其關係ノ各人ヲ呼出スノ權アリ

「ミニステールピユブリツク」及ヒ裁判所ハ其計算書ヲ調査スルニハ其事要用ナルカ又本人ノ承諾シタル時間ナ

ルカ或ハ否ラサルカ其事實ナキヿヲ書込ミニアラサルカ又未タ立替サルヲ立替シト認記セシヿナキカニ注意ス可シ若シ不適當ノ廉アルトキハ裁判所上席人ニテ之ヲ改正シ又ハ之ヲ取消スヘシ

第十二條

前條ノ場合ニハ改正シタル件モ改正セサル件モ更ニ紙末餘白ノ處ヘ改テ記入シ改正シタル本行ハ之ヲ塗抹シ取消スヘキ件モ亦其本行ヲ塗抹シテ其旨ヲ餘白ニ記入スヘシ

調査濟タル時改正計算書ノ終リニ幾許ノ總金高ナル

ヿヲ言葉ヲ以テ記シ裁判官此ニ手署スヘシ又其終リニ此金高ヲ拂フヘキヿヲ記スヘシ

第十三條

「ノテール」ハ其計算書ノ改正ニ不服ナルトキ再ヒ調査ヲ原裁判所ニ願フヿヲ得ヘシ

其願ハ書面ヲ以テスヘシ而テ裁判所ハ二人ノ委員ヲ任シ其關係ノ各人ヲ呼出シ審問ノ上其願書ヲ取上クヘシ然後委員ハ其再調査シタルヿヲ裁判所ヘ申立テ「ミニステールピュブリック」ハ其調査ニ付意見ヲ述フヘシ

第十四條

裁判官改正ノ計算書ハ書記役所及ヒ登記役所ノ記錄ニ無税ニテ書入ルヘシ

第十五條

證書本人ハ初度又ハ再度ノ調査ノ裁判言渡ニ隨ヒ其計算ヲナスヘシ

第十六條

證書ノ本人ハ裁判官初度ノ裁判言渡ニ對シ故障ヲ述ルノ權アリ

其故障ヲ述ルハ原裁判所ニ於テスヘシ而メ裁判所ハ「ミニステールピュブリック」ノ意見ヲ聞キタル上至急吟味

ノ法式ヲ以テ終審ノ裁判ヲナスヘシ

第十七條

計算書改正ノ故障ハ原裁判所ヘ再度願出ルノ外別ニ控訴並上告ヲナスヲ得ス

第十八條

此各條ノ規則ハ第七年即チ千七百九十八年五月廿二日ノ定規競賣ノ事件ニ付テハ援用セサルコトス其競賣ニ付「ノテール」ハ定規ニ因リ謝金ヲ請フヘシ若シ此謝金ニ付争ヲ生スルトキハ「ノテール」住居ノ「アロンディスマン」ノ裁判所上席人ノ裁判ヲ請フヘシ此規則ハ官ノ

新聞紙ヲ以テ公告シ「デバルトマンミニステリヱール」諸省ノ長官及ヒ關係ノ官吏ハ此規則ノ細密ニ行ハルヽコニ注意スヘシ

千八百四十七年三月三十一日ハーグニ於テ

王名花押

「ディレクチユールデユカビ子ーデユロワー」姓名花押

千八百四十七年四月十日布告

「ディレクチユールデユカビ子ーデユロワー」姓名花押

和蘭「ノテール」規則畢

「ノテール」公證人沿革畧記

緒言

建國ノ事業ヲ完全ナラシメント欲シ又欠クヘカラサル法ヲ制立セント欲スルトキ稍其成功ニ達シタル國ヲ模範トスルニ如ス蓋シ空間ニ時ヲ過スノ恐レナク且容易ニ其目的ニ達シ得レハナリ今ヤ貴國ニ於テ他國ニ模準シ人民公安ノタメ證書ニ正確ノ効ヲ與ヘント欲シ其法ヲ立ルニ汲々タリ此法ハ實ニ各國ニ於テモ亦必用トスル所ナリ今淺學ノ余ヲ以テ其顧問ニ任セラレタリ余モ亦愚見ヲ吐露スルヲ以テ余ノ幸榮トナ

スナリ

不學又ハ詐僞ヨリ生スル種々ノ弊害ヲ防カンガタメ諸證書ヲ認ムル役所ヲ設立セサルヘカラサル考ハ人智稍開明ニ至ル頃ヨリ兆起シタリ而シテ「ノテール」規則ハ其結果ニシテ即チ貴國ニ於テ制立セントスル所ノ者ナリ蓋シ此規則タルヤ初メ不全ナル者ナレ𪜈數百年ノ實驗ニヨリ漸次ニ改正ヲ加ヘ今日ニ至テ稍完全ニ至レリ

抑政典ノ原理ヲ究メントスルニ其原由ト其從來ノ現行スル所ノモノトヲ知ラサルヘカラス「ノテール」規

則ニ於テモ亦然リ其如何ヲ究メントスルトキハ其原由ト其沿革トヲ知ルヲ以テ尤モ要用トス況ヤ他國ノ法ニ模シテ其規則ヲ設立セントスルニ於テヲヤ抑唯爭訟ノ生スルヲ審判スルノミニシテ嘗テ爭訟ノ生セサル豫防ヲ設ケサルハ政典ノ完全ナルモノト爲スヘカラス故ニ「ノテール」ヲ設クルハ即チ爭訟ヲ豫防スル爲ニシテ其職掌ハ人民ノ囑托ニ因テ證書ヲ作リ其契約ヲ裁判言渡ニ等シク執行ノ權アル書式ニ認メ渡スモノナリ其事司法ノ一部分ニ關スルヲ以テ之ヲ「デパルトマンドラヂュスチース」省司法ニ屬シ裁判（トリビュナール）所ノ管下ニ

四

配置スル「ノテール」ノ職務如此是ヲ以テ何レノ國タリトモ之ヲ設立スルヲ必用トセサルナシ

和蘭人「ラッパール」記

「ノテール」沿革畧記

和蘭人「ラッパール」著

第一編

「ノテール」ハ治國必用ノ目的ニ因リ設立シ佛國ニテハ共和政十一年風月廿五日ノ法ヲ以テ改正シ又蘭國ニテハ千八百四十二年七月廿日ノ法ヲ以テ其不足ヲ補ヒ大ニ全備シタル「ノテール」規則ノ數百年間ニ如何ナル便益ヲナシタルカヲ今ヨリ左ニ陳述ス

證書ニ公ケノ効ヲ與フルノ法式ノ最古ルキハ「エジプト」「エブレ」及ヒ「ギリシヤ」ノ諸國ニ於テ己ニ現出シタリ

當時此等ノ國ニ於テハ人民其契約ヲ正確センカタメ公ノ書記「エクリベンピュブリック」ニ依賴シタリ此公ノ書記ナル者ハ最モ書記畫象ノ術ニ長シタレハナリ其作リタル證書ハ契約シタル雙方之ヲ證人ノ(員數不定)立合ニテ諸證書ニ公印ヲ押畫スルヿニ任セラレタル官吏ノ公印ヲ受タル上ニアラサレハ公正ノ効ナシトス此公印トハ證書ノ適法ヲ證スルタメニ用井ル者ナリ」「ローマ」國ニ於テ書記「タビュラリイ」(即チ佛語ニテハ「タビュレール」)ナル者アリ始ニハ權威ナキ書記人ナリシカ終ニ公ノ官吏トナリ「タベリヨ子ス」ト唱ヘ適法ノ式ニ因リ諸契約ヲ認

タムルヿニ任セラレリ其後「タビュヲリイ」ハ「タベリヨ」ノ筆生トナリ之ヲ「ノタリイ」ト名ケタリ

即チ「ノタリイ」ハ證書ノ草案ヲ作ル此草案ハ「セダー」ト名ケテ「タブリヨ」之ヲ校正シ以テ證書ヲ作レリ此ニ於テ完全ノ契約成リ法式備ル且ツ其眞正ナルヿヲ示證スルタメ兩名ノ證人證書ニ調印セサルヲ得サリキ

「タベリヨネス」ノ記シタル證書ハ裁判官ノ備ヘタル簿冊ニ登記シ始メテ公正ノ體裁ヲ得タリキ斯ク登記シ而テ後之ヲ「スクリプチュウプュブリカ」(公證書)ト稱セリ

日耳曼ノ諸民羅馬帝國ヲ横領セシ時ニ當リテ始メテ

文書ヲ發見シ羅馬ニ擬シテ日耳曼ノ習慣ヲ著述シ以テ成文ノ律ヲ作レリ偶北方ノ蠻民（瑞典丁抹邊ノ人民）歐洲ニ侵入シ兵亂過マス終ニ日耳曼種民ヲシテ更ニ目ニ一丁字ヲ知ラサル曚昧ノ古俗ニ復セシムルニ至レリ（紀元前八百年ノ比）

然レトモ書記ノ術ハ全ク絶ヘテ跡ナキニ非ス僧侶ノ手ニ存シテ終ニ契約者雙方ヲシテ僧侶ニ頼リテ證書ヲ記シ之ヲ寺院ニ保存スルノ結果ヲ生セリ史家曰ク一千一百年代白耳義ニ於テハ證書ノ記錄ヲ掌スル官吏アリキ又格別ニ僧侶及ヒ書記、王族、貴族、等書記ノ事ヲ

司レリト

佛蘭西ニ於テハ證書記錄ノ權ハ裁判官ニ屬セリ裁判官ノ管下ニ書記アリテ諸種ノ證書ヲ記シ且ツ裁判官ノ立會ナク裁判言渡書ヲ記セリ其諸證書及裁判言渡書ハ乃チ執行ノ權アリト看做シタリ謬誤甚シト謂ツ可シ

佛王仙路易此慣習ハ條理ト安寧ト所有權トヲ毀害スルヲ悟リ切リニ之ヲ改メンコヲ企望シ茲ニ一千二百七十年「ノテール」六十名ヲ巴里ノ「プレウヲー」（裁判區ノ如キモノ）ニ募集シ證書記錄ノ職務ヲ任シ其證認ニ依リテ證書ニ

公正ノ効ト質トヲ與ヘタリ何ノ證書ヲ問ハス必ス其上端ニ「プレヴヲードパリ」（巴里裁判所長官ノ如キ者）ノ姓名ヲ記スルヲ要セリ則裁判官ト「ノテール」局ノ間ニ關係ヲ設クル所ナリ「ノテール」ハ役局ヲ設立スル「シヤテレー」ニ（裁判所ノ如キモノ）ノ内ニ於テセサレハ何ノ證書ヲモ認ムルコヲ得サリキ凡證書ハ兩名ノ「ノテール」之ヲ認メテ「セレエール」（直譯印ヲ押ス官吏）ニ差出ス「セレエール」ハ「プレヴヲードパリ」ノ命ヲ將テ之レニ「シヤテレー」ノ裁判印ヲ押ス歐洲ニ於テ如此景況ニ至ル文化ノ原因ハ間接ニ十字軍ニ在リト謂ハサルヲ得サルナリ十字軍一タヒ起リテ東邦ニ開

ケタル文學術藝歐洲ニ入來シ未タ曾テ觀サル所ノ文明ノ基礎ヲ組織セリ（十字軍ハ一千九十六年ニ始リ一千二百九十一年ニ終ル）一千三百二年佛王「フィリップルベル」羅馬法王ノ特權ニ籍リテ處々ニ「ノテール」局ヲ設立シ以テ巴里ニ同シクセント欲セリ此ニ於テ侯家貴族ハ佛王ノ其直轄ノ地方ニ非レハ裁判ノ權ヲ行フヿヲ得サルヲ唱ヘテ此企ヲ抗拒シ各自ラ其裁判ヲ施ス所ノ領地ニ「ノテール」ヲ設置シ遂ニ「ノテール」濫命ノ結果ヲ生シ甚シキ紛雜ヲ釀セリ

王ハ稍ヤ諸侯ノ抗抵ヲ忿リタリト雖モ善ク「ノテール」

組立ヲ繼續シ茲ニ一千三百四年「ノテール」ヲシテ一ノ簿册ヲ備ヘ其記シタル證書ヲ登錄セシメ雙方ノ契約者ヲシテ安シテ「ノテール」ニ依賴セシメタリ

斯ク簿册ヲ備ヘテ證書ヲ登錄スルノ義務ハ巴里ノ「ノテール」ニハ推及セサリキ故ニ巴里ノ「ノテール」ハ獨リ舊慣ニ依リテ「ブレエフ」ト名ケタル紙葉ヲ以テ證書ヲ記スルノ免許ヲ有セリ

註「ブレエフ」ナル文字ヨリ「ブレウエー」ノ語來レリ則本書ノ儘渡ス證書是レナリ當時巴里ノ「ノテール」ニ限リ本書ノ儘證書ヲ渡セリ

一千四百三十七年佛國第七世「シャルレス」他所ノ「ノテ

ール」ノ現ニ行フ所ニ倣ヒ簿冊ヲ設ケテ證書ヲ登記スルヿヲ巴里「ノテール」ニ令シ同時ニ執行ノ權アル副本（グロス）ヲ渡セシヿヲ各本書ノ欄外ニ記載ス可キヲ令セリ記載ノ事ハ當時ニ於テ粗畧ナリシカ𪜈其事甚タ緊要ナリ即チ今日ノ法律中ニ存スル記載ノ事ハ正ニ當時ニ原ツクモノナリ

佛王第一世「フランソハ」一千五百三十九年ノ法令ヲ以テ巴里「ノテール」ノ規則ヲ更正シ「ノテール」一般必ス精密ナル證書簿冊ヲ作リ證書或ハ紛失敗損セシ時ニ中リ據ル所アラシメタリ且ツ該法令ハ佛共和政十一年風

月二十五日布告ノ「ノテール」法則ノ沿革上ニ注目ス可キ制規ヲ包含セリ即チ證書ノ法式（風月二十五日ノ法第九條以下）本書ヲ保存スルノ義務（同二十條）並佛語ヲ以テ記スル事證書ノ執行（同十九條）「ノテール」ノ謝金（一千八百七年二月十六日議定ノ民費表第百六十八條以下並一千八百四十一年十月十日ノ民費表第十四條以下）證書ノ事件ヲ他ニ告示スル事（風月二十五日ノ法第二十三條）第二ノ副本ヲ渡ス事（同二十六條）罰金（同六十八條）副「ノテール」ヲ指定スル事（同九條及ヒ十條）證人及ヒ其摸様（同九條）凡ソ此等ハ該法令ノ定メシ所ナリ

尋イテ一千五百四十一年ノ法令ヲ以テ巴里「ノテール」ニ限リ自己ニ係ハル證書ハ筆生ニ記セシムルコヲ許

セリ（筆生ノ證書ヲ記スルハ習慣ニシテ風月二十五日ノ法ハ此件ヲ論セス又今日佛並蘭ニ於テ筆生ヲ用ユルモ亦習慣ナリ）又一千五百四十二年佛王「フランソハ」「ノテール」局ノ組立ヲ整備セント欲シテ「オフヒシエードタベリヨン」（官名）「ガルドノット」（官名）「ガルドセレール」（官名）ノ官ヲ設立セリ此ニ於テ「ノテール」ト「タベリヨン」ノ職務上ニ自ラ差別ヲ立テタリ則「ノテール」ハ證書ノ草案ヲ掌リ「タベリヨン」ハ之ヲ校正スルヿヲ司ル蓋シ羅馬ノ舊例ニ倣フナリ抑モ曩昔佛路易王ノ創立セシ制規ニ依レハ「ノテール」ハ證書ノ正本（ミニユート）ヲ編ミ副本ヲ作レリ而テ此制規ニ管ラス佛國諸方ニ於テハ猶羅馬ノ舊例ヲ固守

セシニ此舊例終ニ王室直轄ノ裁判地方ニ波及施行セラレテ「ノテール」ノ草セル證書ノ副本ヲ渡スノ權ハ之ヲ全ク「タベリヨン」ニ委ルニ至レリ「ガルドセリエール」ハ證書ニ裁判廳ノ印ヲ押セリ

註一 「タベリヨン」ノ語ハ「タベラ」ヨリ起リシモノニテ「タベラ」トハ古ヘ羅馬ニ於テ公ケノ書記役カ證書又ハ契約書ヲ書記シ又ハ彫刻スル所ノ小サキ板片ヲ呼稱スルナリ蓋シ「タベリヨン」ハ「ノテール」ニ立會ヒ證書ヲ大字ニ書キ直ス者ナリキ

註二 「ミニュート」ノ語ハ佛蘭西ニ於テ「ノテール」ノ習慣上ヨリ來ルモノニテ即チ「ミニユタ」(小字)ヲ以テ證書ヲ略述摘記スルヲ云フナリ蓋シ「タベリヨン」ガ渡ス所ノ副本ハ本書ト同視シテ「ミニュート」ハ「ノテール」ノ手ニ存セリ

一千五百四十三年巴里ノ「ノテール」ヲ除クノ外「ノテール」ト「タベリヨン」ノ職ハ兼任スヘカラサルヿヲ決定セリ「ガルドノツト」ハ「ノテール」死亡シ又ハ辭職スル𬼀其本書類ヲ預リ保ツ者ニシテ即チ裁判所書記役ノ如ク書記局ニ保存セル證書ノ寫ヲ渡スノ職ヲ行フ者ナリ」一千五百九十七年(佛王第四世「ハンリイ」ノ代)ノ法令ニ依リ是等ノ官吏ノ俸給ヲ定メ一千六百二十七年「ノテール」並「タベリヨン」ノ記認スル諸證書ヲ撿査セシムルタメ佛蘭西全國ニ監督官ヲ設立セリ一千五百九十七年ノ頃ロヨリ「ノテール」ヲ「ノテールタベリヨンガルド

ノット」ト總稱シ全ク三職ノ間ニ差別ヲ設ケサリシ而後一千六百七十二年三月二十五日特ニ「タベリヨン」ノ職ヲ以テ世襲トナシ其相續人ハ之ヲ隨意ニ賣買スルヲ得タリ一千七百六年第十四世路易王「ガルドセリェー ル」ノ官ヲ廢シ以後「ノテール」ヲシテ自己ノ印判ヲ用井シメタリ蓋シ此印判ハ中央ニ國王ノ徽章ヲ畫キ周圍ニ「ノテール」ノ姓名ヲ記刻シテ其記スル所ノ證書及渡ス所ノ書類ニ押スナリ

此時「ノテール」ヲ別ツテ三級トセリ第一級「ノテールロワイヨウ」ニ（王府「ノテール」ト謂フガ如シ）ハ王室ノ支配ヲ受ケ「バイヤージ」

及ヒ「セチシヨウセー」（一種ノ裁判區ノ如キモノ）ニ於テ其職ヲ行フ中ニ就テ巴里「ノテール」ニ限リ佛蘭西全國ニ事務ヲ取扱フノ特權ヲ有セリ第二級「ノテールセィニェーリヨウ」（侯府「ノテール」）ハ諸侯自ラ命スル者ニシテ諸侯ノ裁判ニ屬スル土地ノ人民ノ證書ヲ記スルナリ第三級「ノテール」アポストリック」（僧府「ノテール」）ハ寺院ニ屬スル財產所有ノ事ニ係ル證書其他僧侶ニ係ル證書ヲ記スル者ナリ

斯ク法令多端ナリシヨリシテ却テ再ヒ甚シキ紛雜ヲ「ノテール」ノ法則及職務上ニ生シ而テ其紛雜ハ一千七百九十一年九月二十九日及十月六日ノ法ヲ以テ「ノテ

ール」局ト裁判所ト別異セシ日ニ至ルマテ猶其景況ヲ存セリ蓋シ該法（一千七百九十一年ノ法）ハ「ノテール」舊來ノ種派ヲ毀チ職務ノ世襲及賣買ヲ禁シ「ノテールプュブリック」（公ノ書記役）ノ名義ヲ將テ之ヲ悉トク同一ノ等位トシ其居住スル「アロンディスマン」（郡）中全部ニ職務ヲ行フノ權ヲ「ノテール」ニ與ヘタリ共和政十一年風月ノ法ハ此同一ノ等位ニ從フ一千七百九十一年並共和政十一年ノ法ハ「ノテール」ノ職掌上ニ著シキ沿革ヲ生セリ今日ニ至リテハ「ノテール」ハ既ニ行政官直命ノ官吏ニシテ契約者雙方ノ望ミニ任セ其證書ニ公正ノ質ト執行ノ權トヲ付與ス

ル者ナリ曩昔ノ如ク「ノテール」ハ只管司法權ノ管屬ニ非ス直チニ王權ノ命スル所ナリ

第二編

此ニ更ニ一千七百九十一年及ヒ一千八百三年（共和政十一年）迄沿革シ來リタル法ト現ニ施行セラルヽ所ノ法トヲ比較スヘシ抑モ和蘭ニ於テ行ハルヽ「ノテール」法則ノ原由ヲ探究スルニ和蘭ニ於テハ一千八百四十二年布告ノ法ヲ以テ方今猶佛蘭西ニ行ハルヽ所ノ十一年ノ法ヲ改正セシモノニテ固ヨリ佛蘭西ノ法令ハ和蘭ノ法ニ許多ノ裨益ヲ與ヘタリト雖トモ然レトモ現ニ成立ス

ル所ノ雙邦ノ法則ヲ比較スルヰハ和蘭ノ法ハ稍混雜ヲ免タルヲ視ル可シ

公正ノ法式ヲ用テ契約證書ヲ記スルノ官吏ヲ設クルノ須要ナルヿ又佛蘭西ト同一ノ原則ニ據リテ之ヲ設ルノ緊切ナルヿハ實ニ和蘭ニ於テハ其佛蘭西國ニ從屬シタリシ時(此時和蘭ハ北西日耳曼聯邦ト稱シテ種々ノ國風民俗ヲ含包セリ)業既ニ之ヲ了悟シタリキ當時佛蘭西政府ハ和蘭ノ境域ニ北方蠻民(丁抹及「スカンヂナウイ」邊ノ海賊)ノ侵入ヲ拒キ之ヲ保護支配センタメ佛蘭西ノ公侯貴族ヲ和蘭ニ派遣シテ諸契約ノ證書

ヲ認メ並ニ之ヲ渡スノ任ヲ委子タリ爾後官吏ヲ設ケテ此任ヲ命シ君主ノ名ヲ以テ證書類ヲ記セシメタリ而テ當時證書ヲ記スルニ何ノ法方ヲ用ヰシヤニ至リテハ能ク知ル可カラサルナリ蓋シ和蘭ニ於テ「ノテールノ」規則ハ一千五百四十年八月四日第五世「シヤルレス」帝ノ創設スル所ナリ該規則ハ和蘭ノ風俗ニ從テ取捨改正ヲ要シタリト雖𪜈一千五百三十九年佛國一世「フランソハ」王ノ法令ノ比ニ非サリシヲ信ス可シ乃チ左ニ掲クル所ノ條款ハ以テ其證ヲ示スニ足ル

凡ソ公ノ書類ハ法官ノ指定セル一名ノ「ノテール」

及ヒ二名ノ證人（蘭「テール」規則第二十三條一千八百四十二年ノ）之レニ手署ス可シ

從前公ノ遺囑書ハ七名ノ證人ノ面前ニ於テ（佛民法第九百七十六條）公ノ證書ハ證人五名ノ面前ニ於テ之ヲ記シ私ノ證書ハ證人三名ニテ之ヲ證セシ所向後此等ノ證書ハ年齢十四歳以上譽名ノ聞ヘアル男子ニシテ「ノテール」ノ面識ノ者三名ヲ以テ證人トナシ一名ノ「ノテール」其面前ニ於テ之ヲ記ス可シ（蘭一千八百四十二年ノ法第二十三條第二項）

「ノテール」ハ簿册ヲ備置キ諸證書ヲ登記ス可シ且

ッ諸證書ハ保存スルヲ要ス（蘭四十二年ノ法第四十條及六十一條佛共和政十一年ノ法第二十九條及二十條

凡ソ證書ニハ出席本人及證人ノ姓名、身分、住所、證書ヲ記シタル年月日時並場所ヲ記スヘシ且ツ出席本人若シ「ノテール」面識ノ者ナラサルトキハ證人（員數不詳）ヲ以テ其何人ナルヤヲ證セシムルヲ要ス（蘭法二十五條佛法十一條）

凡ソ寫ハ本書ト關係シテ効ヲ有スルモノナレハ「ノテール」ハ其本書ヲ保存ス可シ其「ノテール」若シ死亡セシトキハ他ノ「ノテール」之ヲ保持スルヲ要ス」

法官税印ヲ押シ且ツ手署シタル第一ノ寫ハ本書ト全一ノ効アリ

是等ハ則チ現ニ行ハルヽ所ノ法則布告ヨリ三百有餘年以前ニ制定セル法則中最モ著シキモノナリ中ニ就テ終リノ兩條ハ今猶改良シテ佛蘭兩國ノ民法中ニ存シ其他ノ條款ハ亦調整シテ現ニ「ノテール」法則中ニ在リ

抑モ法官第一寫ニ税印ヲ押シテ而後之レニ本書ト全一ノ効ヲ付セシハ誤リト謂ツ可シ幸ニ佛蘭西ニ於テハ既ニ一千三百二年代以來此誤ヲ免レタリ則チ「フィリッ

プルベル」王ノ法令第一條ニ左ノ文ヲ載セタリ
佛蘭西王ハ王國ノ「セ子シヨウ、バイ、井」其他ノ裁判官ヨリ「ノテールプュブリック」（公證人）ヲ進退スルノ權ヲ剝奪シテ躬ラ之ヲ握有シ以テ永久之ヲ世嗣ニ傳フ可シ

註佛國學士「バスケー」氏著裁判權ト題セル書中ニ「フイリップ」王ノ法令ハ猶佛蘭西ニ存セリコレハ羅甸語ニテ記セシモノニテ「ノテール」ノ法則ニ付キ切要ナル條欵ヲ載セタリトアリ當時諸侯貴族ノ有セシ裁判權ニ係リテハ只之ヲ說キシノミニテ敢テ其可否ヲ辨論セサリキ

和蘭ニ於テハ佛蘭西ト全ク習慣ヲ異ニシ其一二ノ地

方ニ於テ「ゲレフィエー」書記官並ニ「バイ井」ハ「ノテール」ト等トシク證書ヲ認ムルノ權ヲ有セリ後チ此權ハ獨リ「ノテール」ニ限ルヲ故ラニ公言セスシテ漸ク之ヲ「ゲレフィエー」及ヒ「バイ井」ニ禁セリ

此ニ一千五百四十二年「タベリヨン」「ガルドノット」「ガルドセリール」ノ三官ヲ設置シタル佛蘭西ノ法ト一千五百四十年五世「シヤルレス」帝ノ制定シタル和蘭ノ法トヲ比較セハ一千五百四十年ノ法ハ最モ明晰純精ニシテ其功績ハ猶一千八百四十二年ノ和蘭ノ法中ニ存在スルヲ觀ル可シ

一千五百五十六年一月二十二日ノ法令ハ一千五百四十年ノ法ノ欠典ヲ補ヘリ

左ニ該法（一千五百五十六年ノ法）ノ著シキ部分ヲ摘譯シ以テ之ヲ現ニ佛蘭西ニ於テ執行セラルヽ所ノ法ニ比較セハ則蘭佛雙邦ノ「ノテール」法則ノ上ニ差異ノ如何ヲ詳カニ判斷スルヲ得ヘシ

第一條

「ノテール」ハ二十五歳以上ノ男子品行方正ニシテ言語ヲ能クスル者ヲ要ス（蘭一千八百四十二年ノ法第十條佛共和政十一年ノ法第三十五條）

第四條

「ノテール」候補者ハ其才能ヲ試ルタメ「デパルトマン」州ノ裁判所ニ於テ試驗ヲ受ク可シ（蘭十一條佛四十三條）

第五條

「ノテール」ハ職務ヲ執リ行フノ前左ノ誓約（蘭十八條佛四十七條）ヲナスヘシ

一國王（當時ギイヨーム一世）ニ忠實ナル事

一己ノ面識ノ證人ハ其何人タルヲ證シ得ル者ニシテ其證セントスルヿヲ申述スルニ非レハ決テ己ノ知ヲサル人ニ對シテ職務ヲ行

ハサルヿ（蘭二十五條及三十條且ッ佛法見合）

一寺院又ハ僧侶ニ對シ遺物贈與ヲナスノ證書ニ係ル法並寺院又ハ僧侶ニ他ヨリ不動產ヲ賣ル事ニ係ル法ヲ遵奉スル事

註「エタゼヲロウ」（國會）一千七百三十四年五月十三日ノ決議ヲ以テ「カトリック」宗ヲ奉スル者ハ「ノテール」タルヲ得サルヿヲ定メタリ

一總テ證書ニハ耶蘇誕生ノ日並ニ證書ヲ記シタル年月日時場所及出席人ノ住所ヲ記スル事（蘭二十六條佛十三條）

一正直叮寧ニシテ決テ法律ノ禁スル條件並虛

妾ノ口述ヲ證書ニ記セサル事

一其記スル所ノ諸證書諸書類ノ目錄簿ヲ備フル事（蘭四十七條 佛二十九條）

一此他「ノテール」ノ義務ニ係ルモノハ悉ク之ヲ盡ス事

第十一條

「ノテール」ハ法官ノ撿印ヲ得タル簿冊（蘭四十七條 佛二十九條三十條）ヲ備ヘ其記セル證書ヲ日々之レニ記載ス可シ證書ハ出席本人、證人、「ノテール」並ニ之レニ手署ス可シ（蘭三十條 佛十四條）若シ遺囑者又ハ契約者病アリテ手署スルヲ得サルヿヲ口述スル片ハ其旨ヲ證書ニ記載シ公證人及ヒ兩名ノ證人ニテ之ヲ證認ス可シ（蘭三十條佛十四條）遺囑者又ハ契約者ニ於テ精神ノ錯亂アラサルヨリハ其證書ハ正當ナリト看做ス可シ

第十四條

凡證書ハ不要ノ重復ナク明瞭ニ之ヲ記ス可シ若シ他邦ノ語ヲ用ヰルヲ要スル片ハ契約者雙方ノ之ヲ了解スルヲ得ルタメ證書中其解譯ヲ註シ置ク可シ「ノテール」之レニ背ク片ハ停職又ハ免職ニ

科セラル可シ（蘭三十七條 佛十七條）

第十五條

「ノテール」ハ諸證書類ヲ毀損スルヿナク叮寧堅固ニ之ヲ保存ス可シ

「ノテール」ハ證書ニ關係アル者ニノミ寫ヲ渡シ又ハ事件ヲ通告ス可シ之レニ背クトキハ停職免職又ハ其他ノ罰ニ科セラルヘシ

今日ノ如キハ「ノテール」ハ必スシモ證書ノ寫ヲ渡スノ義務ヲ負ハス渡スト否ハ關係者ノ意ニ任ス故ニ亦必ス關係者ヲシテ其寫ヲ取ラシムルノ權利モナシ蘭「ノテール」ノ法則第四十二條ヲ見ヨ

第十六條

「ノテール」若シ死去セシキ其役局ニ保存セル證書類、簿冊ハ死去ノ日ヨリ一年間ニ裁判所書記局ヘ送致スヘシ僻陬ノ地ニ居住スル「ノテール」ノ證書類ハ「デパルトマン」ノ裁判所書記局ニ首市（ツイル）ニ居住スル「ノテール」ノ證書類ハ「アロンディスマン」ノ裁判所ニ送致ス可シ此規ニ違フキハ死去「ノテール」ノ相續人罰金ヲ科セラル可シ

第十九條

「ノテール」ハ役局ニ保存スル書類ヲ其子、兄弟、又ハ

從兄弟（「ノテール」ナルニ限ル）ニ讓與スルヲ得ヘシ

此場合ニ於テハ其相續人ハ其讓與セル書類ノ目錄帳ヲ「デパルトマン」又ハ「アロンディスマン」ノ裁判所書記局ニ納ム可シ

右ノ條欵中一千八百四十二年ノ法（蘭「ノテール」規則）ト相符スルアリト雖モ其欠乏スル所亦甚タ寡ナカラサルヲ視ル可シ

而テ右ノ條欵ト一千六百年代ノ佛蘭西ノ法トヲ比較セハ當時蘭佛雙邦ニ於テ「ノテール」ノ職務上ニ付キ差異ノ如何ヲ視ル可シ

佛蘭西一千五百六十年ノ法ニ二十五歳以上ヲ以テ「ノテール」タルヲ得ヘキ法律上ノ年齢ト定メタリ（一千七百九十一年ノ法第四條ニモ此年齢ヲ採リ共和政十一年ノ法第三十五條千八百四十二年ノ蘭ノ法第十條ニモ亦此年齢ヲ用ユ）一千五百五十六年ノ法第四條ニ掲ケタル試撿ノ法ハ既ニ佛蘭西一千四百九十年ノ法ニ見ヘタリ此法ニ「ノテール」タランヿヲ願出ル者ハ裁判官ノ面前ニ於テ試撿ヲ受ク可シ而テ其裁判官ハ之レニ誓約ヲ命ストアリ試撿ノ方法ニ係リテハ當時ト今日ト異ナル所ナシト雖𪜈試撿ヲ施ス所ノ委員ニ係リテハ稍ヤ異ナル所アリ今日ノ佛蘭西ノ法ニ依レハ各裁判區ニ「ノテール」

取締局アリテ志願者ヲ試驗ス志願者ハ「ノテール」タラントスル所ノ裁判區ノ取締局ニ於テ試撿ヲ受ケ試撿濟ノ證書ヲ受取ル今日ノ和蘭ノ法ニ依レハ各「デパルトマン」ノ裁判所ニ於テ裁判官二名「プロキュリュールゼ子ラール」（大撿事）一名「ノテール」二名ヲ以テ組立タル試撿掛ニテ志願者ヲ試撿ス

誓約ノ式ハ一千五百五十六年（第五條）ノ法制定以前既ニ蘭佛雙邦ニ成立セリ（佛一千五百三十五年ノ法ヲ見ヨ）今日現ニ蘭佛兩國ニ施行セラルヽ所ノ法ニ從ヒ行フ所ノ誓約ハ稍ヤ曩昔ニ異ナル所アリ（蘭一千八百四十二年ノ法第十八條佛一千八百三十年ノ法ヲ見ヨ）

一千五百五十六年ノ法第五條中ノ事件ハ僧侶ニ對シ贈與又ハ賣拂ニ關ル條欵ヲ除クノ外今日ノ諸法中種々ノ箇條ニ見ユ蓋シ僧侶ニ對スル條欵ノ如キハ既ニ今日ニ至リテハ蘭佛雙邦ニ成立セス但誓約中「ノテール」證書目錄簿ヲ備ヘ置ク事ハ佛ニ於テハ一千六百六十五年ニ始マリ蘭ニ於テハ一千五百二十四年ニ創マル（證書目錄簿ヲ備フルノ思想ハ佛ニ於テハ「フヒリップルベル」一千三百四年ノ法令並ニ「フランソハ」一千五百二十五年及ヒ一千五百三十九年ノ法令中ニ見ユ）

一千五百五十六年ノ法令第十一條ニ簿冊ヲ備フル事及ヒ其他ノ制規ハ原由ヲ詳ニセサル條件ト雖ﾓ今日

現行ノ法則中ニ取捨シテ之ヲ記載セリ
全第十四條ノ初項ニ凡ソ證書ハ明瞭ニ記スヘシトアルハ一千五百三十五年ノ法令第三條ニ由レリト謂ツ可シ即チ第三條左ノ如シ
「ノテール」ハ證書ニ關係アル者ヨリ聞取タルモノ、自ラ證人ノ面前ニテ辨陳セシモノ「關係者ノ申述セシモノヽ外證書中贅件ヲ載セ冗文ヲ掲クルヿヲ禁ス「ノテール」之ニ背クトキハ犯則ノ輕重ニ准シ罰金ヲ科スヘシ
是ヨリ後證書中追加又ハ塗抹ヲ要スルトキハ必ス事ニ

關係アル者ノ認諾ヲ受クヘキコトヲ定メタルハ全ク右第三條ノ結果ト謂ツ可シ（蘭現行法第三十四條以下佛現行法第十五條）又一千五百三十五年ノ法第四條ニ左ノ制規ヲ掲ク

「ノテール」ハ契約者ノ申述スル事件ハ無遺漏證書ニ記シ記名手署スル前ニ之ヲ關係者並證人ノ目前ニ於テ朗讀スヘシ

「ノテールアンスゴン」（副公證人）又ハ證人ハ證書ヲ記スルトキ並ニ之ヲ朗讀スルトキ事實出席セサルヲ得サルヤノ問題ニ係リテハ佛ニ於テ數次討議ノ後終ニ一千八百四十三年六月二十五日ノ法ヲ以テ其出席ヲ要セサルヲ

決セリ然ルニ和蘭ニ於テハ之レニ反シ此塲合ニ於テ證人ノ出席ヲ要スルコハ已ニ一千五百四十年十月四日ノ法ヲ以テ定メタリ（一千五百四十年ノ法ニ立會人ノ出席ヲ要スルハ何ノ塲合ナルヤヲ示シ且ツ證書誦讀及ヒ手署ノ時ハ必ス「ノテール」又ハ證人ノ立會ヲ要スルコヲ定メタリ）一千五百五十六年ノ法第十五條ハ左ニ掲クル所ノ一千五百三十六年ノ法ニ原因セリ

「ノテール」ハ契約者並其相續人及ヒ契約事件ニ關係アル者ノ外ニハ裁判所ノ命アルニ非レハ證書ノ簿冊ヲ示シ又ハ事件ヲ告クルヲ禁ス且契約證書又ハ遺囑證書ノ副本（當時證書ハ其何類タルヲ問ハス總ヘテ副本ヲ作レ

リ遺囑書モ全然）ハ一度各關係者ニ渡シ與ヘタル後ハ關係者ノ内再ヒ之ヲ請フアリト雖𪜈裁判所ノ命令ト關係者中ノ承知ヲ得サレハ更ニ之ヲ渡シ與フルヲ得ス（蘭一千八百四十二年ノ法四十二條佛十一年ノ第廿五條）

一千四百三十七年及一千五百三十九年ノ法令ハ證書ノ本書ヲ保存スルヿヲ曾テ論セス蓋シ一千五百五十六年ノ法令前ニハ「ノテール」ハ本書ヲ渡シテ自ラ其寫ヲ保存セリ獨リ和蘭ニ於テハ佛共和政十一年ノ法ヲ取用セシノ前既ニ本書ヲ保存スルノ法ヲ定メタリ（一千五百五十六年ノ法第十五條是レナリ）且ツ該十五條

ニハ各關係者ニ寫ヲ渡スヲ要スルコヲ揭ケタリ和蘭ノ著述家曰ヘルアリ佛蘭西ノ「ノテール」役局ニハ獨リ證書ノ寫ヲ視ルト實ハ佛蘭西ニ於テハ既ニ第十二世路易王（一千五百年代）ノ勅令ヲ以テ本書ヲ保存スルコヲ「ノテール」ニ命セシコアリ而レモ「ノテール」ハ共和政十一年ノ法布告ノ日ニ至ルマテ猶舊慣ヲ固執シテ本書ヲ渡シ寫ヲ保持セリ

一千五百五十六年ノ法第十六條ニ揭クル證書ヲ送致スルコハ佛蘭西ニ於テハ一千五百六十年ノ法第八十三條ヲ以テ制定セリ此法ニ依レハ若シ「ノテール」死去

ズルキハ簿冊及諸書類ハ目錄ヲ作リ之レト共ニ其任所ノ裁判所ニ送致ス可シトアリ又裁判所ノ書記役ハ謝金ヲ受ケテ送致シタル證書類ノ副本並ニ寫ヲ渡スヿヲ掌トレリ但シ謝金ノ半額ハ死去「ノテール」ノ相續人ニ與ヘタリ

巴里「ノテール」ニ限リ一千五百六十一年ノ法第十一條ノ免許ニ依リ證書類ハ裁判所ニ送致セスシテ直ニ其相續人ニ讓與スルノ特權ヲ得タリ佛蘭西一千六百六十七年ノ決議ニ「ノテール」職務ヲ他ニ讓ルノ場合ハ一千五百六十年ノ法第八十三條ニ係ルモノト異ナリテ

役局ニ所持スル本書類ハ畧記目錄ヲ作リテ總テ新「ノテール」ニ讓リ與フ可シ又讓與セル本書類ノ寫ヲ渡スニ付キ得ル所ノ謝金ヲ全ク舊「ノテール」ノ相續人ノ利益ニ屬ス可シトアリ「ノテール」ノ死去辭職免職等ノ場合ニ於テ役局ニ保存スル諸書類ヲ引繼クコトニ付キ曾テ規律ノ整備セサル所ハ共和政十一年ノ法ヲ以テ之ヲ制定セリ（佛共和政十一年ノ法第二卷第四章並ニ蘭四十二年ノ法第五章ヲ見ヨ）「ノテール」役局ニ貯ヘタル諸書類ヲ鄭重ニ保存センタメ和蘭國會（此國會「エタゼ子ロール」ハ千七百年代ニ始マレリ）ニ於テ監督官（コンミツセール）ヲ創立シ證書ヲ保存スルニ付キ「ノテール」ノ監督ヲ掌トラ

シメタリ

監督官吏ハ其役所々在ノ地ノ「ノテール」ヲ監督シ諸證書ヲ撿閲シ印税ノ法則ヲ守リシヤ否ヲ監視ス

監督官吏ハ在職「ノテール」ノ姓名簿ヲ備フルヲ要セリ

「ノテール」ハ職ニ任スル片ハ必ス直チニ其事ヲ監督官吏ニ通告スルヲ要セリ若シ之ヲ怠ル片ハ通告以前ニ記シタル證書各通ゴトニ四百「フランク」ノ罰金ヲ科セラル

監督官吏ハ一ケ年ニ少クモ二度「ノテール」ノ役局ヲ巡回シ諸證書ヲ撿閲シ認メ印ヲ捺ス巡回ハ三日以前ニ

公告スルヲ要セリ

監督官吏證書中ノ事件ヲ撿閲スルハ「ノテール」詐僞ヲ犯シタリト見込ム場合ヲ限リトス此場合ニ於テハ必ス特別ノ允可ヲ受クルヿヲ必要トセリ

監督官吏ハ「ノテール」死去ノ後其保存セル書類ノ送致ヲ監督セリ（前十六條ノ送致十九條ノ讓與ニ當ル）

監督官吏ハ巡回ゴトニ「ノテール」ヨリ二「スウ」（一スウハ我二錢ニ當ル）ノ謝金ヲ受ケタリ監督官吏ハ官ニ任スルノ前ニ誓ヲ爲スヿヲ要セリ

佛蘭西共和政十一年風月二十五日ノ法則（第五十四條）

中ニ假定シ一千八百四十三年一月四日ノ布令ヲ以テ設立セシ「ノテール」取締局ハ佛ニ於テ欠クヘカラサルモノナルヘシ然レ𪜈和蘭ニ於テハ之ヲ採ラス登記局ノ監吏「ノテール」局ヲ監督シ證書中ノ事件並ニ登記税及印紙税ノ法則ニ付キ「ノテール」ノ違犯ヲ監察ス其他一千八百四十二年ノ法ニ於テ嚴密ニ「ノテール」ノ盡スヘキ義務ヲ制定シ犯則ノ輕重ニ從テ罰ヲ科セリ一千八百四十二年ノ法第十六條ニ「ノテール」役局ニアル諸書類引渡シノ事件ヲ掲ケタレ𪜈佛共和政十一年ノ法ニ引渡ノ際書類封印ノ緊要ナル事ヲ(第五十四條)

定制セス一千五百五十六年ノ和蘭ノ法ニ本書取扱ノ手續ヲ定メテ始テ「ノテール」規則上ニ證書類引渡ノ方法ヲ立テタリ佛共和政十一年ノ法ニ書類封印ノ事ヲ掲ケシハ理アリトス而シテ一千八百四十二年和蘭ノ法ニ於テ之ヲ欠クハ遺憾ト謂フヘシ

然レモ「ノテール」取締ニ係ル諸條欵（第六十二條第六十三條）ハ正サニ封印ノ法ニ代フルニ足ルヲ斷ス可シ故ニ和蘭ニ於テハ佛訴訟法第九百十一條ヲ殆ント全ク飜譯轉用（和蘭訴訟法第六百六十條）セリト雖モ「ノテール」法則中ニハ敢テ封印ノ事ヲ論セサリキ今日本ニテ「ノテール」法則編輯ニ付

キ予カ起草セル考案ニ封印ノ事ノ必要ナルヲ示セリ抑モ公共ニ屬スル所ノ證書類ヲ保持セル「ノテール」ニ一旦自ヲ之ヲ保有スルノ權ヲ失フニ至ルトキハ公然之レニ封印ヲナスハ公ノ安寧ノ爲メニ希望スル所ナリ予カ考案中ニ古來屢々此ニ生シタル弊害ヲ豫防スルニ必要トスヘキ公安ノ處分ヲ陳セリ蓋和蘭ノ舊法ニ依レハ「ノテール」證書類ヲ保存スルヲ得サルノ場合ニ於テハ其住所ノ裁判官ノ公請ニ依リ畧記目錄ヲ作ラシムルニ止レリ一千八百四十二年和蘭ノ法之ニ沿襲シテ訴訟法第六百六十條（封印ノコヲ記ス）ニ因ラサリシハ遺憾

ト謂フベシ如斯ハ過誤ト看做サヽルヲ得サルナリ
一千五百五十六年和蘭ノ法第十九條ハ其第十六條ノ
闕欠ヲ補ヒ「ノテール」ヲシテ其保存スル證書類ヲ其欲
スル所ノ地ノ「ノテール」ニ讓與スルノ權ヲ與ヘタリシ
カ佛蘭西ノ法ヲ廢シテヨリ「ノテール」官職賣買ノ成立
ヲ見サリキ今日ニ至リテハ（一千八百十二年ノ法四）「ノテール」死去
ノ時其交代人ヲ指定スルヿヲ許セリ蓋シ交代人ヲ指
定スルハ其實官職ノ秘密賣買ニ原ク然レ𪜈賣買ハ決
テ許サヽル所ナリ
「ノテール」指定ニ付佛蘭西ニテハ官職ノ秘密賣買ト看

倣ヘキモノアリ抑モ甲「ノテール」從來保存スル所ノ證書類ヲ乙「ノテール」ニ讓ルヰ甲「ノテール」又ハ其相續人ト乙「ノテール」ノ間ニ私ノ約束ヲ結ヒ謝金未收ノ證書ニ係ル取立ノ權及本書ノ寫ヨリ生スル入額ヲ得ルノ權ヲ乙「ノテール」ニ賣付ス第二ノ權（寫ノ入額）ハ全ク證書ノ本書ニ附屬ス故ニ既ニ本書ヲ讓レハ則隨テ此權ヲ讓ヲサルヲ得サルナリ第一ノ權（未收金取立）ハ全ク第二ト反シ本書ニ附屬スルモノニ非ス何トナレハ舊「ノテール」（即甲「ノテール」）ノ得ヘキ謝金、勤勞ノ報料ノミナラス登記稅、印稅、簿冊記入ノ費用等ニ付キ其既ニ立換ヘ置キタルモ

ノヲ云ヘハナリ

和蘭一千八百四十二年ノ法ニ於テハ右等ノ處置ハ決テ允サヽル所ナリ其誓約(第十八條)中ニ「ノテール」ノ職ヲ賣買スルハ其仕方ノ何タルヲ問ハス之ヲ嚴禁セリ其規則ノ美ナルヲ信ス可シ

以上和蘭ニ於テ佛共和十一年ノ法ヲ轉用セシ以前ニ成立シタル法ノ最モ著シキモノヲ陳列セリ他日和蘭一千八百四十二年ノ法及予カ編述セシ考案ノ說解ヲ下スキニ於テ是等ノ法則ノ相異ナル所ヲ表シ併セテ其規律ノ取捨改正ヲ要スルニ至リシ所以ヲ示ス可シ」

却說訟ヲ斷スル官吏ノ側ニ契約者雙方ノ旨意ヲ偏頗ナク記述スル官吏ヲ設置スルハ古今ヲ問ハス甚タ欠ク可ヲサルヿヲ陳シタリ夫レ此官吏タルヤ契約ヲ明記シ之レニ公正ノ効ト執行ノ權トヲ授ケ丁寧ニ之ヲ保存シテ永ク其記念ヲ滅セス艮民ノ間ニ爭訟ヲ釀サシメス奸者ヲシテ非理ヲ逞クシ不正ヲ遂クルヿ無ヲシメ公明正大苟モ私心ヲ挾マス偏頗ヲ懷カス則ナ名ケテ「ノテール」ト謂フ「ノテール」ヲ搆成スル所ノ規模ヲ稱シテ「ノタリヤ」ト謂フ

蓋シ「ノテール」ハ只契約者雙方ノ利益ヲ守護スルニ限

ルモノヽ如クナレヒ實ハ温和ヲ主トシテ以テ裁判官ノ職務ノ一種ヲ行フモノナリ其記認スル所ハ乃チ契約者ノ遵奉スヘキ一部ノ法律トナル此一部ノ法律天下一般ノ法律ニ適應シテ風俗ヲ紊サス德儀ヲ害セサルトキハ其幸福ハ「ノテール」ノ所爲ニ非スシテ何ソヤ今日ノ風俗ニ於テハ「ノテール」ハ肝腎ノ地位ヲ占ムルモノニシテ其擔任スル所悉皆善良ナル人民ノ情意ヲ滿足セシムルニ足レリ

人民公共ノ社會ニ立チ貴賤上下ノ別ナク親シク其家ニ來往シ其事ニ與カルニ際シテヤ或ハ父師ノ任ニ膺

リ或ハ仲裁人トナリ禍害ヲ避ケテ幸福ヲ致シ直言ナ進メテ不良ヲ教訓シ說諭ヲ盡クシテ爭訟ヲ豫防シ人ノ死ニ臨ミ言ヲ寄スルノ時ニ當リテヤ又說教師（コンフェッセール）トナリ又判定人トナリ深ク道ヲ諭シ厚ク理ヲ說キ遺言者ヲシテ誤ル所ナカラシム是レ當サニ日本帝國ニ望ム所ノ「ノテール」ナリ此官吏ハ世人ノ稱譽敬待セサル可ラサルモノニシテ亦自ラ誠實忠厚ノ人ヲ以テ任シ苟モ世人ノ信用ニ背ク可ラサルナリ

「ノテール」沿革畧記畢

佛蘭西「ノテール」規則正誤

一六　第三行　居住ノ下(ノ)ヲ脱ス

二五　第六行　(見後)倒置

一八三第二行　(約定書)ノ下(ヲ)ヲ脱ス

二六四第二行　(怗)ハ(帖)ノ誤

二七二第二行　(雙方ハ)ハ(雙方ニ)ノ誤

和蘭同

四一　第一行　(證人)ハ(願人)ノ誤

九四　第七行　(手署)ノ下(スル)ヲ脱ス

一一三第四行　(閣)ハ(擱)ノ誤

一一六第五行　第三十五條註解一二項中　(已)ハ皆(己)ノ誤

一三一第一行　（又ハ）ノ（ハ）衍

一四〇第三行　（又ハ）ノ（ハ）衍

一七七第七行　（登記役所）云々別行ハ誤

二〇五第七行　（タ）衍

「ノテール」沿革畧記同

六　第八行　（於テ）ノ下（ハ）ヲ脫ス

三三　第二行　（公證人）ハ（「ノテール」）ノ誤

五二　第四行　（地）ハ（他）ノ誤